数字でみる観光

【2023年度版】

目　次

日本の国内観光の動向　1

観　光　資　源　2

観　光　施　設　3

旅　行　業　4

輸　送　5

国民生活と余暇　6

世界の観光　7

日本の国際観光の動向　8

〈資料編〉　9

目　次

1. 日本の国内観光の動向

(1) 国内観光動向 ―― 1
都道府県別観光地入込客統計 …… 1～2
政令指定都市別観光地入込客統計 …… 3

(2) 国民の宿泊観光 ―― 4
2021年（令和3年）の旅行消費額の概況 …… 4
国際基準による国内の旅行消費額の内訳（2021年） …… 4
国民の宿泊観光旅行の実態 …… 5
観光の実態と志向（第41回）のポイント …… 5
宿泊観光旅行の参加率・参加回数 …… 6
宿泊観光旅行の参加率（都市規模別） …… 6
宿泊観光旅行の希望する旅行季節 …… 6
宿泊観光旅行の実施月 …… 7
宿泊観光旅行費用の希望と実績 …… 7
宿泊観光旅行の費用と内訳 …… 7
宿泊観光旅行の回数、平均宿泊数（1回あたり）、年間宿泊数 …… 8
宿泊観光旅行の同行者 …… 8
宿泊観光旅行の同行者の人数 …… 8
宿泊観光旅行先での行動 …… 9
宿泊観光旅行の利用交通機関 …… 10
宿泊観光旅行の利用宿泊施設 …… 10
宿泊観光旅行を実施しなかった理由 …… 11
宿泊観光旅行の目的地を決定する際に参考とするもの …… 11

(3) 国民の宿泊観光（長期データ） ―― 12
宿泊観光旅行の参加率（種類別） …… 12
宿泊観光旅行の参加率（性別） …… 12
宿泊観光旅行の同行者 …… 13
宿泊観光旅行の費用 …… 13

(4) 修学旅行 14
修学旅行の実施率の推移（海外も含む）（中学校） 14
修学旅行の地域別旅行先一覧表 14
海外教育旅行の実態とまとめ 15
海外修学旅行件数及び人員の推移 15
海外修学旅行の推移 15

2. 観光資源

(1) 自然と観光 16
世界遺産 16
我が国の世界遺産リストの登録 16
自然公園 16
国立公園及び国定公園の指定別面積 16
国立公園及び国定公園の利用者数の推移 16
国立公園の現況 17
国定公園の現況 18～19
国立公園内海域公園地区 20～21
国定公園内海域公園地区 21

(2) 文化財と景観 22
重要伝統的建造物群保存地区 22～23
歴史的風土 24

(3) 温泉地 25
温泉地及び温泉利用者数等 25～26
入湯税収入額が多い市町村ベスト 30 27

3. 観光施設

(1) ホテル・旅館 —— 28
ホテル・旅館の登録制度 ……28
ホテル・旅館の都道府県別分布状況 ……28～30
各団体加盟の宿泊施設数 ……31～32
主要ホテルの客室利用状況 ……33
主要ホテルの地域別月別客室利用率 ……33
ビジネスホテルの客室利用率 ……33
ビジネスホテルの地域別月別客室利用率 ……34
主要旅館の定員稼働率 ……34
民泊制度 ……35
住宅宿泊事業法に基づく届出住宅数 ……35～36

(2) 公的観光レクリエーション施設 —— 37
ユースホステル ……37

(3) 観光レクリエーション施設 —— 38
都道府県別観光レクリエーション施設数 ……38～39

(4) 主要なテーマパーク等の利用者数 —— 40
主要なテーマパーク等の入場者数 ……40

4. 旅行業

旅行業者数の推移 ……41
旅行業者（第1種旅行業者を除く）等の県別分布 ……41
主要旅行業者旅行取扱状況 ……42

5. 輸送

輸送機関別国内旅客輸送量の推移 ……43
JR 6 社の概況 ……43
主要私鉄の概況 ……43
国内線旅客輸送実績の推移（会社別） ……44

目次

6. 国民生活と余暇

（1） 国民生活 ―― 45
今後の生活の力点（推移） ……45
月間平均実労働時間数 ……46
週所定労働時間企業規模別企業数割合 ……46
何らかの週休2日制及び完全週休2日制の普及状況 ……47
主な週休制の形態別普及状況 ……47
労働者1人平均年次有給休暇の付与日数、取得日数及び取得率 ……47
労働者1人平均年間総実労働時間の推移 ……48

（2） 余暇活動 ―― 49
余暇活動の参加人口 ……49
余暇活動の参加希望率　上位10種目 ……50
余暇市場の概要 ……50

7. 世界の観光

国際観光客到着数及び国際観光収入（総数） ……51
地域別国際観光客到着数及び国際観光収入 ……51
国際観光収入ランキング　（2021年（令和3年）） ……52
国際観光支出ランキング　（2021年（令和3年）） ……53
国際コンベンションの国別開催件数 ……54
国際コンベンションの都市別開催件数 ……54

8. 日本の国際観光の動向

（1） 国際観光 ―― 55
我が国の国際観光旅行収支の推移 ……55
旅行者1人当たりの消費額（航空運賃を除く） ……55
旅行収支と主要品目の輸出入額 ……56
旅行マーケットの構造 ……57
主要各国の出国者数・出国率・外国人訪問者数・受入率 ……57
世界各国・地域からの出国者数 ……58
世界各国・地域への外国人訪問者数 ……59
為替相場と旅行者数の変遷 ……60～61
世界の主要空港と日本の5大空港との比較 ……62

(2) 訪日外客 ―― 63
目的別訪日外国人旅行者数の推移 ……63
出国外国人の日本での滞在期間（短期滞在） ……63
州別、国・地域別訪日外国人旅行者数の推移 ……64
外国人旅行者訪問率上位都道府県の推移 ……65
国籍別／目的別　訪日外客数 ……66～67
各国・地域の日本への旅行率 ……68
月別訪日外国人数 ……68
訪日外国人旅行者が今回実施した活動と
　次回実施したい活動 ……69

(3) 外客受入対策 ―― 70
ガイド試験の合格者数及び登録者数 ……70
ツーリスト・インフォメーション・センター（TIC） ……70
JNTO 認定外国人観光案内所 ……70
善意通訳（グッドウィル・ガイド） ……70
ビザ（査証）免除国・地域（短期滞在） ……71

(4) 国際会議 ―― 72
日本での国際会議開催状況 ……72
国際会議観光都市一覧 ……72～73

(5) 海外旅行 ―― 74
日本人月別海外旅行者数 ……74
海外旅行者の性別構成比の推移 ……74
海外旅行者の性別・年齢階層別推移 ……75
出国日本人数　有効旅券数 2015-2022 年別推移 ……75
各国・地域別 日本人訪問者数
　（日本から各国・地域への到着者数） ……76～77
都道府県別海外旅行者数と出国率 ……78
空港（海港）別日本人出国者数（2022 年） ……79
日本に発着した国際旅客数の推移及び
　国内航空企業のシェア ……79
日本発国際線週間航空便数と週間提供座席数 ……80
外航クルーズ乗客数の推移 ……81

外航クルーズエリア別乗客数及び海域別シェア ……81
国内クルーズ泊数別乗客数の推移 ……81

〈資料編〉

観光地域づくり法人（DMO）とは ……82
都道府県別登録観光地域づくり法人（登録DMO）の件数 ……82
宿泊税の導入自治体一覧 ……83
観光関係略年表 ……84～92
関係省庁等一覧 ……93
国土交通省・運輸局（観光担当）一覧 ……94
広域組織一覧 ……95
都道府県・政令指定都市　観光主管課・東京事務所・
東京（観光）案内所一覧 ……96～102
都道府県・政令指定都市　観光協会（連盟）一覧 ……103～105
観光関係主要団体 ……106～109
我が国の主要観光機関の変遷 ……110
観光関係国際機関 ……111
外国政府等観光宣伝機関 ……112～115
日本政府観光局（JNTO）海外事務所 ……116
公益社団法人日本観光振興協会支部一覧 ……117
日本観光振興協会出版物のご案内 ……118

1. 日本の国内観光の動向

都道府県別観光地入込客統計

（単位：万人）

都道府県＼年	'18 （平 30） (2021年7月30日現在)	'19 （令 1） (2021年9月30日現在)	'20 （令 2） (2023年1月31日現在)	'21 （令 3） (2023年9月29日現在)	'22 （令 4） (2023年10月31日現在)
北海道	注 1	注 1	注 1	注 1	注 1
青森県	1,637	1,413	1,096	1,254	1,264
岩手県	1,468	1,252	1,002	1,388	1,479
宮城県	3,122	2,844	2,081	2,383	3,253
秋田県	1,321	1,246	908	1,217	1,337
山形県	2,138	2,087	1,546	1,664	1,674
福島県	2,274	3,329	2,204	2,096	2,547
茨城県	4,041	4,027	3,411	3,584	注 1
栃木県	4,848	注 1	3,569	4,192	4,826
群馬県	3,517	2,957	1,976	2,440	3,549
埼玉県	11,435	10,630	注 1	注 1	注 1
千葉県	12,070	11,157	7,360	8,243	注 1
東京都	注 1	注 1	注 1	注 1	注 1
神奈川県	9,759	10,282	7,551	注 1	注 1
新潟県	3,262	3,505	2,660	2,909	注 1
富山県	1,575	1,482	1,104	1,074	注 1
石川県	注 1	注 1	注 1	注 1	注 1
福井県	1,239	1,400	855	1,162	1,287
山梨県	3,769	3,465	1,688	1,838	注 1
長野県	4,518	3,867	2,434	2,815	3,413
岐阜県	4,603	4,799	注 1	3,842	注 1
静岡県	注 1	注 1	注 1	注 1	注 1
愛知県	11,294	11,854	5,240	注 1	注 1
三重県	注 1	注 1	注 1	注 1	注 1
滋賀県	2,886	3,159	2,945	2,496	注 1
京都府	注 1	注 1	注 1	注 1	注 1
大阪府	注 2	注 2	注 2	注 2	注 2
兵庫県	注 1	注 1	注 1	注 1	注 1
奈良県	2,618	2,735	1,682	1,832	注 1
和歌山県	866	注 1	927	965	1,014

（単位：万人）

都道府県＼年	'18（平30）(2021年7月30日現在)	'19（令1）(2021年9月30日現在)	'20（令2）(2023年1月31日現在)	'21（令3）(2023年9月29日現在)	'22（令4）(2023年10月31日現在)
鳥取県	注1	注1	注1	注1	注1
島根県	1,237	注1	注1	1,017	注1
岡山県	1,443	1,692	1,331	1,031	1,500
広島県	2,358	2,433	936	603	注1
山口県	1,916	1,647	1,330	1,466	1,600
徳島県	1,076	1,140	689	908	921
香川県	1,566	1,550	1,180	421	764
愛媛県	1,054	1,405	1,178	1,266	1,498
高知県	注1	注1	注1	注1	注1
福岡県	9,894	8,954	注1	注1	注1
佐賀県	1,981	1,895	1,189	1,481	注1
長崎県	1,417	1,519	注1	注1	注1
熊本県	2,976	2,412	1,798	2,197	2,524
大分県	2,048	1,959	1,645	1,369	1,515
宮崎県	1,558	注1	注1	注1	注1
鹿児島県	1,734	1,646	1,374	1,595	注1
沖縄県	注1	注1	注1	注1	注1
合計	126,517	115,743	64,890	60,747	35,966

注：1　集計中
　　2 「共通基準」未導入
※　観光入込客数は、実人数であり、観光地点等ごとの重複を除いた数値である。1人の観光入込客が当該都道府県内の複数の観光地点を訪れたとしても1人回と数える。
資料：国土交通省観光庁「観光入込客統計に関する共通基準」
（日本人観光目的＋日本人ビジネス目的＋訪日外国人）

政令指定都市別観光地入込客統計

（単位：万人）

政令指定都市名＼年	'17（平29）	'18（平30）	'19（令1）	'20（令2）	'21（令3）
注1,2 札幌市	1,527	1,585	1,526	571	789
仙台市	2,200	2,182	2,181	838	1,316
さいたま市	2,496	2,572	2,561	1,353	1,390
千葉市	2,545	2,573	2,595	1,221	1,382
横浜市	5,143	4,686	5,582	1,932	2,343
川崎市	1,998	2,061	2,016	1,433	1,200
相模原市	1,258	1,156	1,164	517	522
新潟市	1,862	1,955	1,865	1,082	1,169
注1 静岡市	2,457	2,470	2,363	1,086	1,377
注1 浜松市	2,136	1,881	1,944	994	1,189
名古屋市	4,728	4,729	4,999	2,211	2,330
京都市	5,362	5,275	5,352	–	–
大阪市	–	–	–	–	–
堺市	–	–	–	–	–
神戸市	3,933	3,538	3,542	1,563	1,338
岡山市	763	683	758	305	258
広島市	1,341	1,336	1,427	855	755
注3 福岡市	2,134	2,141	2,148	1,126	1,181
北九州市	2,532	2,319	2,421	1,014	1,105
熊本市	502	495	601	245	231

注：1　年度集計
　　2　新型コロナウイルス感染症の影響を受けた令和2年3月以降は推計方法を変更
　　3　令和2年より入込客数算出に必要な宿泊観光客の推計方法を変更
※　各自治体によって統計手法等が異なるため、自治体間で単純に比較することはできない
資料：各自治体

2021 年（令和３年）の旅行消費額の概況

・旅行消費額は 10.3 兆円で、そのうち日本人国内宿泊旅行が 7.5 兆円、日本人国内日帰り旅行が 2.2 兆円、日本人海外旅行（国内分）が 0.1 兆円、訪日外国人旅行が 0.6 兆円。

国際基準による国内の旅行消費額の内訳（2021 年）

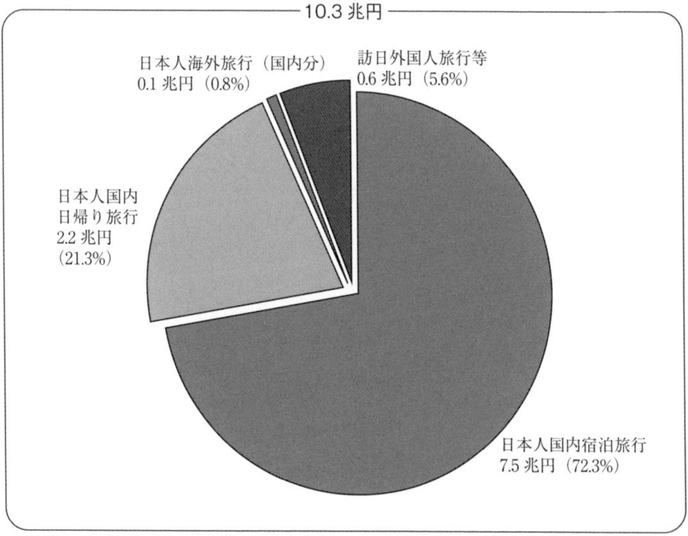

10.3 兆円
日本人海外旅行（国内分）
0.1 兆円（0.8%）
訪日外国人旅行等
0.6 兆円（5.6%）
日本人国内
日帰り旅行
2.2 兆円
（21.3%）
日本人国内宿泊旅行
7.5 兆円（72.3%）

我が国経済への貢献度
（経済波及効果）

生産波及効果	18.8 兆円…1.8%	（対国民経済計算 2021 年産出額）
付加価値効果	9.9 兆円…1.8%	（対 2021 年名目 GDP）
雇用効果	156 万人 …2.3%	（対 2021 年全国就業者数）

資料：国土交通省観光庁「旅行・観光産業の経済効果に関する調査研究」（2021 年版）

国民の宿泊観光旅行の実態

国民の宿泊観光旅行

	'17（平29）	'18（平30）	'19（令1）	'20（令2）	'21（令3）
年間延べ参加者数　万人	11,634	14,817	14,486	7,469	7,615
年間総費用　億円	58,751	81,173	78,526	34,589	37,748
1人当たり年間実施回数　回	1.06	1.35	1.32	0.68	0.70
参加者1人当たり実施回数　回	2.16	2.69	2.78	2.33	2.46
旅行参加率　%	49.0	50.1	47.4	29.2	28.6
参加者1人1回当たり費用　円	50,580	54,880	54,300	46,320	49,560
（参考）推定人口　万人	10,975	10,975	10,975	10,975	10,826

注：観光旅行のみ

資料：（公社）日本観光振興協会「観光の実態と志向（第41回）」'22（令4）年9月

観光の実態と志向（第41回）のポイント

＜宿泊観光旅行の調査結果について（15歳以上）＞

1. 参加率は28.6%。参加回数は全体で0.70回。参加者平均で2.46回。
2. 平均宿泊数は1.55泊。
3. 全宿泊観光旅行の費用総額の平均は49,560円。
4. 同行者は引き続き「家族」が過半数となっており、「自分ひとり」も2割近くを占めている。
5. 旅行の目的地を決定する際に参考にするものは「インターネットでの書込情報」が最も多い。

1

宿泊観光旅行の参加率・参加回数

[15 歳以上]

		'17（平 29）	'18（平 30）	'19（令 1）	'20（令 2）	'21（令 3）
参加率	希望(%)	77.4	70.8	61.1	54.3	58.7
	実績(%)	49.0	50.1	47.4	29.2	28.6
回　数	希望(回)	2.23	2.38	2.26	2.35	2.33
	実績(回)	1.06	1.35	1.32	0.68	0.70

資料：(公社)日本観光振興協会「観光の実態と志向（第 41 回)」'22（令 4）年 9 月

宿泊観光旅行の参加率（都市規模別）

（単位：%）

	'17（平 29）	'18（平 30）	'19（令 1）	'20（令 2）	'21（令 3）
全　国	49.0	50.1	47.4	29.2	28.6
大都市	51.5	52.8	50.1	31.6	30.7
中都市	48.6	49.5	47.6	28.9	28.4
小都市	47.4	47.5	43.4	27.0	25.8
町　村	44.3	47.2	43.7	24.6	25.9

資料：(公社)日本観光振興協会「観光の実態と志向（第 41 回)」'22（令 4）年 9 月

宿泊観光旅行の希望する旅行季節

（単位：%）

	春	夏	秋	冬	時期はわからない
'13（平 25）	19.3	11.0	38.3	7.3	24.2
'14（平 26）	21.5	11.5	36.9	6.9	23.2
'15（平 27）	20.7	16.8	30.3	10.5	21.7
'16（平 28）	22.5	16.8	30.4	9.0	21.3
'17（平 29）	22.5	15.1	29.9	9.2	23.2
'18（平 30）	20.2	16.4	32.7	9.3	21.4
'19（令 1）	19.0	18.0	31.1	8.8	23.1
'20（令 2）	12.8	26.9	32.0	5.8	22.5
'21（令 3）	12.9	27.8	32.9	5.1	21.4

資料：(公社)日本観光振興協会「観光の実態と志向（第 41 回)」'22（令 4）年 9 月

宿泊観光旅行の実施月

（単位：%）

時期	4月	5月	6月	7月	8月	9月	10月	11月	12月	1月	2月	3月
実施率	8.6	6.3	4.5	6.9	9.5	6.6	10.2	10.1	11.8	7.6	5.4	12.5

資料：(公社)日本観光振興協会「観光の実態と志向（第41回）」'22（令4）年9月

宿泊観光旅行費用の希望と実績

（単位：円　15歳以上）

	実績費用（1人1回当たり）A	希望費用（1人1回当たり）B	差（1人1回当たり）B-A
'13（平25）	48,160	35,190	▲12,970
'14（平26）	51,180	36,870	▲14,310
'15（平27）	51,980	46,550	▲5,430
'16（平28）	50,920	45,810	▲5,110
'17（平29）	50,580	45,200	▲5,380
'18（平30）	54,880	48,720	▲6,160
'19（令1）	54,300	45,670	▲8,630
'20（令2）	46,320	44,710	▲1,610
'21（令3）	49,560	45,020	▲4,540

注：差（希望費用－実績費用の差）が負の値の場合、希望費用が実績費用より低額であることを示している。

資料：(公社)日本観光振興協会「観光の実態と志向（第41回）」'22（令4）年9月

宿泊観光旅行の費用と内訳

（単位：円　15歳以上）

	'16（平28）	'17（平29）	'18（平30）	'19（令1）	'20（令2）	'21（令3）
総費用	50,920	50,580	54,880	54,300	46,320	49,560
宿泊費	19,770	18,900	20,950	23,080	21,900	23,480
交通費	14,540	13,500	15,540	15,330	11,070	12,070
その他	14,520	14,270	16,340	18,530	15,720	17,680

注：1　費用内訳は、団体旅行等の内訳を含んでいないため、総費用とは一致しない。

2　その他は、観光行動費、土産代、食事代を含む。

資料：(公社)日本観光振興協会「観光の実態と志向（第41回）」'22（令4）年9月

宿泊観光旅行の回数、平均宿泊数（1 回あたり）、年間宿泊数

		'17(平 29)	'18(平 30)	'19(令 1)	'20(令 2)	'21(令 3)
回数 (単位：回)	全体(A)	1.06	1.35	1.32	0.68	0.70
	参加者	2.16	2.69	2.78	2.33	2.46
平均宿泊数 (単位：泊)	(B)	1.67	1.70	1.69	1.50	1.55
年間宿泊数 (単位：泊)	(A×B)	1.77	2.30	2.23	1.02	1.09

資料：(公社)日本観光振興協会「観光の実態と志向（第 41 回）」'22（令 4）年 9 月

宿泊観光旅行の同行者

（単位：%）

	'17(平 29)	'18(平 30)	'19(令 1)	'20(令 2)	'21(令 3)
家族	57.2	56.4	55.2	57.3	55.8
友人・知人	22.0	19.9	20.6	18.9	20.9
家族と友人・知人	3.4	2.9	3.3	3.2	3.1
職場・学校の団体	1.7	1.6	1.4	0.8	0.8
自分ひとり	12.0	16.1	16.5	17.1	17.1
地域・宗教・招待などの団体	0.5	0.5	0.4	0.2	0.2

資料：(公社)日本観光振興協会「観光の実態と志向（第 41 回）」'22（令 4）年 9 月

宿泊観光旅行の同行者の人数

（単位：%）

	'17（平 29）	'18（平 30）	'19（令 1）	'20（令 2）	'21(令 3)
1 人	12.7	16.9	16.9	18.0	17.7
2 ～ 3 人	58.2	59.4	58.0	62.0	60.5
4 ～ 5 人	18.0	14.8	16.9	14.6	15.7
6 ～ 10 人	7.2	5.8	5.3	3.7	4.2
11 ～ 14 人	1.0	0.8	0.5	0.3	0.4
15 ～ 30 人	1.8	1.5	1.1	0.5	0.4
31 ～ 50 人	0.3	0.4	0.3	0.1	0.1
51 人以上	0.4	0.1	0.3	0.1	0.2
不明	0.5	0.3	0.6	0.7	0.8

資料：(公社)日本観光振興協会「観光の実態と志向（第 41 回）」'22（令 4）年 9 月

宿泊観光旅行先での行動

注：複数回答（単位：%）

	'21（令3）
自然の風景をみる	51.2
温泉浴	41.6
名所・旧跡をみる	29.2
特産品の買物・飲食	18.1
神仏詣	12.3
動・植物園・水族館・美術館の見物	11.0
ドライブ	10.8
季節の花見	10.7
レジャーランド・テーマパーク	10.2
演劇・音楽・スポーツなどの鑑賞・見物	8.8
都会見物	7.9
祭りや行事をみる	4.5
ハイキング	4.5
博覧会・イベントの見物	3.7
キャンプ・オートキャンプ	3.1
写生・写真・植物採集など	2.9
つり	2.6
潮干狩り・果物狩りなど	2.6
登山	2.2
海水浴	2.0
スキー	2.0
サイクリング	1.8
ゴルフ	1.8
水泳（湖・プール）	1.6
ヨット・モーターボート・ダイビング・サーフィンなど	1.4
スノーボード	1.2
民工芸品つくり	1.0
その他のスポーツ	1.0
テニス	0.6
その他	2.5

資料：(公社)日本観光振興協会「観光の実態と志向（第41回）」'22（令4）年9月

1

宿泊観光旅行の利用交通機関

注：複数回答（単位：%）

	'17（平 29）	'18（平 30）	'19（令 1）	'20（令 2）	'21（令 3）
自家用車	45.8	42.3	44.7	54.9	52.3
鉄道	45.2	45.1	55.7	44.4	48.0
バス	17.8	16.8	20.6	16.0	14.4
飛行機	13.5	16.5	16.0	10.7	10.9
レンタカー	6.6	7.0	10.0	8.3	8.6
タクシー・ハイヤー	2.9	3.4	5.4	3.6	3.5
船舶	2.1	2.1	2.6	2.4	2.0
その他	2.1	1.8	1.5	0.9	0.9

資料：（公社）日本観光振興協会「観光の実態と志向（第 41 回）」'22（令 4）年 9 月

宿泊観光旅行の利用宿泊施設

注：複数回答（単位：%）

	'17（平 29）	'18（平 30）	'19（令 1）	'20（令 2）	'21（令 3）
ホテル・ビジネスホテル	61.0	63.0	65.7	62.2	63.8
旅館（和式）	23.4	22.3	22.1	26.4	22.8
知人・親せき宅	5.2	5.6	4.7	2.4	3.7
車・船中泊	2.6	2.6	2.4	2.2	2.3
民宿	0.3	1.8	1.5	1.7	1.7
別荘・貸別荘	1.3	1.3	1.6	1.2	1.6
山小屋・キャンプ場	1.1	0.8	1.4	1.2	1.2
ペンション	1.4	1.4	1.4	1.4	1.2
国民宿舎等公的施設	2.1	1.6	1.7	1.5	1.1
オートキャンプ	0.7	0.7	1.0	0.9	1.1
ユースホステル	0.6	1.1	1.2	0.9	0.7
会社・官公庁の寮・保養所	1.4	1.0	1.2	0.7	0.6
民泊	0.3	0.6	0.7	0.5	0.3

資料：（公社）日本観光振興協会「観光の実態と志向（第 41 回）」'22（令 4）年 9 月

宿泊観光旅行を実施しなかった理由

注：複数回答（単位：%）

	'17(平 29)	'18(平 30)	'19(令 1)	'20(令 2)	'21(令 3)
新型コロナウイルス感染症の影響で外出自粛	−	−	−	69.4	60.6
経済的余裕がない	39.9	39.1	37.4	26.0	30.7
時間的余裕がない	38.7	34.1	29.4	15.3	18.8
なんとなく旅行をしないまま過ぎた	19.0	16.4	20.0	6.3	8.7
行きたいところがない	7.6	9.5	10.4	6.2	7.7
家を離れられない事情	16.5	14.5	12.6	6.8	7.7
健康上の理由	11.7	10.1	9.1	5.1	6.2
旅行は嫌い	4.6	8.0	8.0	4.7	5.6
一緒に行く人がいない	8.3	7.2	7.7	4.1	5.5
他にやりたいことがある	6.3	6.5	6.3	3.3	4.4
計画や準備が面倒	4.9	6.0	4.9	3.1	3.8
兼旅行をしたから	7.5	5.2	4.1	1.2	1.9
海外旅行をしたい	3.0	3.4	2.9	0.9	1.1
その他	2.5	2.8	5.1	0.5	0.4

資料：(公社)日本観光振興協会「観光の実態と志向（第 41 回)」'22（令 4）年 9 月

宿泊観光旅行の目的地を決定する際に参考とするもの

注：複数回答（単位：%）

	'17(平 29)	'18(平 30)	'19(令 1)	'20(令 2)	'21(令 3)
インターネット	67.7	64.7	68.8	68.9	68.6
ガイドブック	43.2	39.4	40.1	40.2	36.3
家族・友人の話	34.6	29.2	30.1	29.9	29.5
パンフレット	32.2	25.8	26.5	25.3	23.9
テレビ・ラジオの番組	19.6	18.7	21.9	21.1	20.9
旅行専門雑誌	21.2	21.0	22.4	21.6	20.1
観光案内所・情報センター	13.4	12.2	13.2	13.6	13.4
旅行業者	12.9	11.1	11.7	11.0	10.8
新聞・雑誌の記事	12.8	10.6	11.5	10.3	10.4
新聞・雑誌の広告・チラシ	12.4	9.7	10.3	8.2	9.0
旅行・歴史等に関する本、小説	8.2	8.1	8.0	8.8	8.1
テレビ・ラジオのＣＭ	5.2	5.2	6.9	6.2	6.6
駅・車内のポスター	6.5	4.7	5.3	5.1	4.9
観光物産展	5.0	4.4	4.8	4.8	4.7
コンビニエンスストアの端末	0.4	0.5	0.9	0.8	0.8

資料：(公社)日本観光振興協会「観光の実態と志向（第 41 回)」'22（令 4）年 9 月

宿泊観光旅行の参加率（種類別）

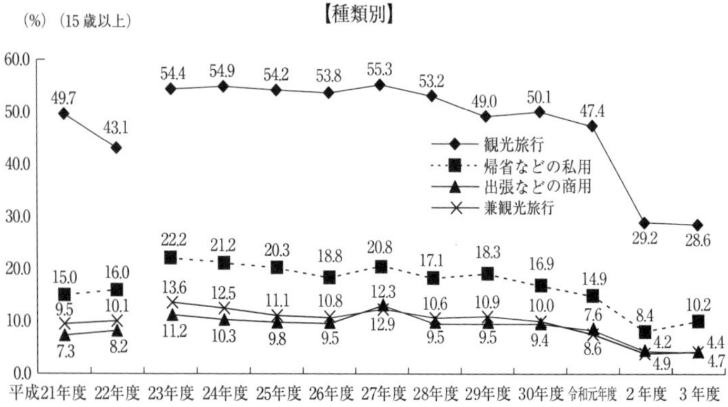

(%)（15 歳以上）
【種類別】
観光旅行
帰省などの私用
出張などの商用
兼観光旅行
平成21年度 22年度 23年度 24年度 25年度 26年度 27年度 28年度 29年度 30年度 令和元年度 2 年度 3 年度

資料：(公社)日本観光振興協会「観光の実態と志向（第 41 回)」'22（令 4）年 9 月

＊「観光の実態と志向」調査は、平成 23 年度より、これまでの訪問留置調査からインターネット調査へと調査手法を変更したため、平成 22 年度までのデータと平成 23 年度以降のデータとでは単純な比較ができない。(以下、同様)

宿泊観光旅行の参加率（性別）

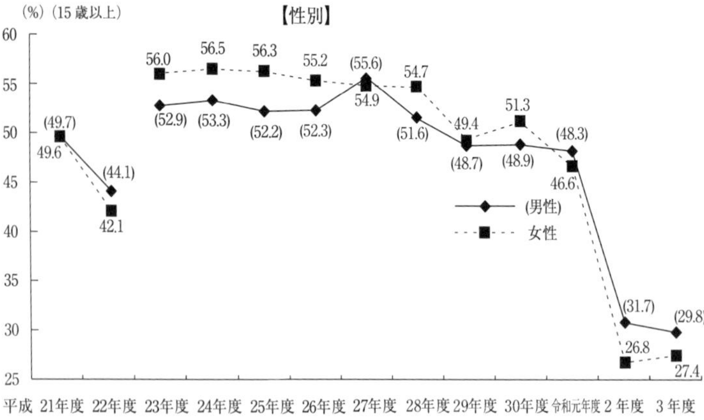

(%)（15 歳以上）
【性別】
(男性)
女性
平成 21年度 22年度 23年度 24年度 25年度 26年度 27年度 28年度 29年度 30年度 令和元年度 2 年度 3 年度

資料：(公社)日本観光振興協会「観光の実態と志向（第 41 回)」'22（令 4）年 9 月

宿泊観光旅行の同行者

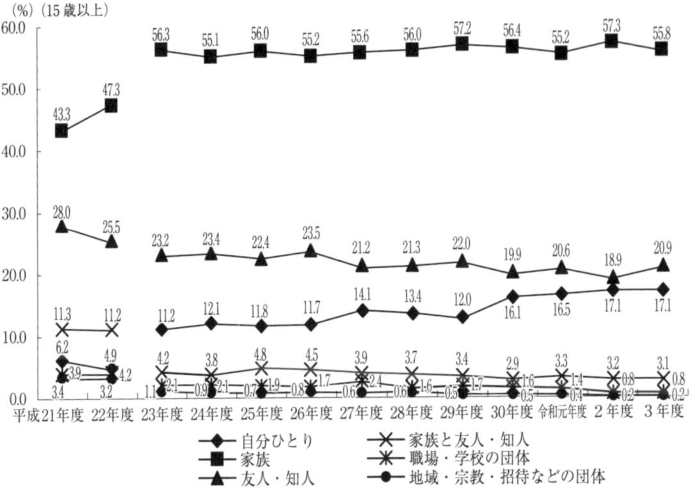

(%)（15 歳以上）
60.0
50.0
40.0
30.0
20.0
10.0
0.0
43.3 47.3
56.3 55.1 56.0 55.2 55.6 56.0 57.2 56.4 55.2 57.3 55.8
28.0 25.5
23.2 23.4 22.4 23.5 21.2 21.3 22.0 19.9 20.6 18.9 20.9
11.3 11.2
11.2 12.1 11.8 11.7 14.1 13.4 12.0 16.1 16.5 17.1 17.1
6.2 4.9
4.2 3.8 4.8 4.5 3.9 3.7 3.4 2.9 3.3 3.2 3.1
平成21年度 22年度 23年度 24年度 25年度 26年度 27年度 28年度 29年度 30年度 令和元年度 2 年度 3 年度
自分ひとり
家族
友人・知人
家族と友人・知人
職場・学校の団体
地域・宗教・招待などの団体

資料：(公社)日本観光振興協会「観光の実態と志向（第 41 回）」'22（令 4）年 9 月

宿泊観光旅行の費用

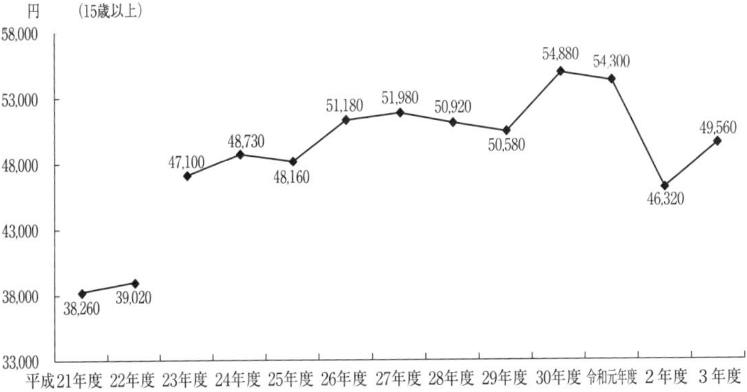

円 (15歳以上)
58,000
53,000
48,000
43,000
38,000
33,000
38,260 39,020
47,100 48,730 48,160 51,180 51,980 50,920 50,580 54,880 54,300 46,320 49,560
平成21年度 22年度 23年度 24年度 25年度 26年度 27年度 28年度 29年度 30年度 令和元年度 2 年度 3 年度

資料：(公社)日本観光振興協会「観光の実態と志向（第 41 回）」'22（令 4）年 9 月

修学旅行の実施率の推移（海外も含む）（中学校）

（単位：％）

年度＼設置者	国立	公立	私立	全体
平成 27 年度	93.8	99.2	95.8	98.5
平成 28 年度	100.0	99.6	95.8	98.9
平成 29 年度	95.0	98.5	92.5	97.4
平成 30 年度	100.0	99.6	93.6	98.6
令和元年度	89.5	97.5	79.6	93.9
令和 2 年度	37.5	54.8	20.8	47.8
令和 3 年度	73.3	82.7	60.7	78.3

資料：（公財）日本修学旅行協会「データブック 2022　教育旅行年報」

修学旅行の地域別旅行先一覧表

令和 3 年度

出発地＼旅行先	北海道	東北	関東	中部	近畿	中国	四国	九州	沖縄	総件数
北海道	30	19	0	0	0	0	0	4	0	53
東　北	4	81	17	11	2	1	0	0	1	117
関　東	6	24	59	60	123	11	0	11	1	295
中　部	2	4	3	191	53	10	2	9	1	275
近　畿	0	0	2	53	53	23	13	32	5	181
中　国	0	0	0	0	0	33	13	21	1	68
四　国	0	0	0	0	4	10	18	1	0	33
九　州	0	0	0	4	21	0	0	69	0	94
沖　縄	0	0	0	0	0	0	0	0	2	2
合　計	42	128	81	319	256	88	46	147	11	1,118
見学地トップ 3	1. 函館山 2. 五稜郭公園 3. ウポポイ（民族共生象徴空間）	1. 中尊寺 2. 猊鼻渓 3. 松島	1. 那須ハイランドパーク 2. 日光東照宮 3. 東京ディズニーリゾート	1. 富士急ハイランド 2. 富士山（富士五湖･氷穴･風穴･樹海） 3. 伊勢神宮	1. 奈良公園（東大寺を含む） 2. 清水寺 3. 法隆寺	1. 広島平和記念公園（平和記念資料館等を含む） 2. 宮島・厳島神社 3. 出雲大社	1. レオマワールド 2. 四国水族館 2. 金刀比羅宮	1. ハウステンボス 2. 長崎平和公園（原爆資料館等を含む） 3. 知覧特攻平和会館	1. 沖縄平和祈念公園（平和の礎等を含む） 1. 美ら海水族館 3. 国際通り	

＊カウント方法は、滞在時間、回数に関係なく同一県に滞在した場合は「1」とした。

＊1 校が複数の都道府県にまたがって旅行した場合も、それぞれカウントした。

資料：（公財）日本修学旅行協会「データブック 2022　教育旅行年報」

全国の国公立並びに私立中学校を含む 10,076 校に対し、3,046 校を抽出し調査を実施。895 校から回答があり、抽出校数に対する回答率は 29.4% である。

海外教育旅行の実態とまとめ

平成 27（2015）年度～令和元（2019）年度の推移

	年度		全体		中学		高校	
			件数	人員	件数	人員	件数	人員
海外教育旅行全体	H27	2015	806	56,276	114	4,820	692	51,456
	H28	2016	788	53,257	139	6,186	649	47,071
	H29	2017	854	53,541	130	4,967	724	48,574
	H30	2018	929	62,373	130	5,021	799	57,352
	R 1	2019	880	63,998	109	5,113	771	58,885
海外修学旅行	H27	2015	314	44,033	31	1,642	283	42,391
	H28	2016	293	40,880	33	2,668	260	38,212
	H29	2017	294	40,460	29	1,656	265	38,804
	H30	2018	365	48,351	33	1,710	332	46,641
	R 1	2019	373	52,647	39	2,862	334	49,785

資料：（公財）日本修学旅行協会「データブック 2020　教育旅行年報」

海外修学旅行件数及び人員の推移

年度		件数	人員
1989	平成元	203	56,309
1990	2	181	54,485
1991	3	300	72,290
1992	4	303	73,550
1993	5	430	91,420
1994	6	518	106,763
1995	7	616	124,493
1996	8	783	139,460
1997	9	840	140,628
1998	10	992	152,972
1999	11	1,069	169,832
2000	12	1,163	187,673
2001	13	599	83,964
2002	14	1,111	173,466
2003	15	536	73,746
2004	16	1,066	149,086

年度		件数	人員
2005	17	1,132	155,023
2006	18	1,191	156,579
2007	19	1,396	175,455
2008	20	1,325	166,345
2009	21	859	108,508
2010	22	921	107,624
2011	23	857	106,905
2012	24	314	43,585
2013	25	270	39,528
2014	26	299	39,555
2015	27	314	44,033
2016	28	293	40,880
2017	29	294	40,460
2018	30	365	48,351
2019	令和元	373	52,647

＊平成 24（2012）年度以降は調査方法が異なるための、平成 23（2011）年度までと単純比較はできない。
資料：（公財）日本修学旅行協会「データブック 2020　教育旅行年報」

海外修学旅行の推移

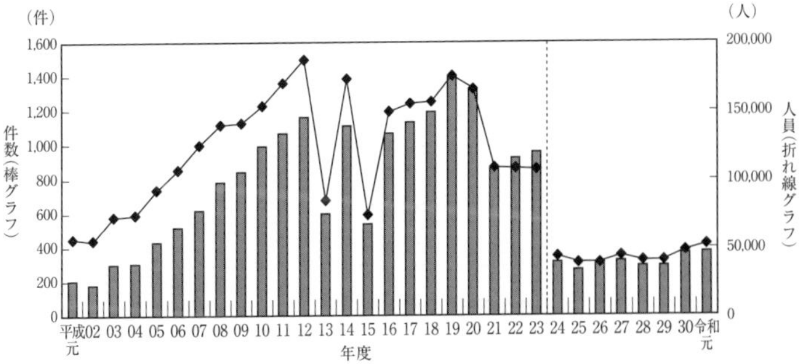

＊平成 24（2012）年度以降は調査方法が異なるための、平成 23（2011）年度までと単純比較はできない。
資料：（公財）日本修学旅行協会「データブック 2020　教育旅行年報」

2. 観光資源

世界遺産

「世界遺産」は、1972 年に採択され、我が国において 1992 年に締結した「世界の文化遺産及び自然遺産の保護に関する条約（世界遺産条約）」に基づいて世界遺産リストに登録された遺跡や景観、自然などの物件で、日本では 2021 年 7 月現在 25 件（文化遺産 20 件、自然遺産 5 件）の物件が世界遺産に登録されている。

我が国の世界遺産リストの登録

登録年	登録遺産
'93（平 5）	法隆寺地域の仏教建造物、姫路城、屋久島、白神山地
'94（平 6）	古都京都の文化財
'95（平 7）	白川郷・五箇山の合掌造り集落
'96（平 8）	原爆ドーム、厳島神社
'98（平 10）	古都奈良の文化財
'99（平 11）	日光の社寺
'00（平 12）	琉球王国のグスク及び関連遺産群
'04（平 16）	紀伊山地の霊場と参詣道
'05（平 17）	知床
'07（平 19）	石見銀山遺跡とその文化的景観
'11（平 23）	小笠原諸島
	平泉－仏国土（浄土）を表す建築・庭園及び考古学的遺跡群
'13（平 25）	富士山－信仰の対象と芸術の源泉
'14（平 26）	富岡製糸場と絹産業遺産群
'15（平 27）	明治日本の産業革命遺産　製鉄・製鋼、造船、石炭産業
'16（平 28）	国立西洋美術館本館
'17（平 29）	「神宿る島」宗像・沖ノ島と関連遺産群
'18（平 30）	長崎と天草地方の潜伏キリシタン関連遺産
'19（令 1）	百舌鳥・古市古墳群
'21（令 3）	奄美大島、徳之島、沖縄島北部及び西表島
	北海道・北東北の縄文遺跡群

注：国立西洋美術館本館は、7 か国（日本、フランス、アルゼンチン、ベルギー、ドイツ、インド、スイス）にまたがる「ル・コルビュジエの建築作品－近代建築運動への顕著な貢献－」の構成資産の一つ。
資料：外務省ホームページ「我が国の世界遺産一覧表記載物件」

自然公園

区　　分	公園数	公園面積（ha）	公園面積／国土面積（%）
国　立　公　園	34	2,195,586	5.81
国　定　公　園	58	1,494,468	3.95
都道府県立自然公園	311	1,915,020	5.07
計	403	5,605,074	14.83

注：国土面積は、377,969.27 ha（令和 5 年全国都道府県市区町村別面積調（国土地理院））による
資料：環境省自然環境局
'23（令 5）年 3 月 31 日現在

国立公園及び国定公園の指定別面積

区　分	公園面積（ha）	特別地域（ha）			比率（%）	普通地域（ha）	比率（%）
		特別保護地区（ha）	比率（%）				
国立公園	2,195,586	292,330	13.3	1,619,966	73.8	575,619	26.2
国定公園	1,494,468	66,168	4.4	1,359,590	91.0	134,878	9.0

資料：環境省自然環境局
'23（令 5）年 3 月 31 日現在

国立公園及び国定公園の利用者数の推移

（単位：万人）

	'15(平 27)	'16(平 28)	'17(平 29)	'18(平 30)	'19(令 1)	'20(令 2)	'21(令 3)
国立公園	36,162	35,916	36,747	37,151	36,915	21,849	20,766
国定公園	28,899	29,039	29,232	28,811	28,758	18,374	17,835

資料：環境省自然環境局

国立公園の現況

国立公園名	指定 年月	面積 （海域を除く） （ha）	関係 都道府県	'21（令3） 年利用者数 （千人）
利尻礼文サロベツ	'74（昭49）. 9	24,512	北海道	183
知床	'64（昭39）. 6	38,954	北海道	822
阿寒摩周	'34（昭 9）. 12	91,413	北海道	3,520
釧路湿原	'87（昭62）. 7	28,788	北海道	241
大雪山	'34（昭 9）. 12	226,764	北海道	2,611
支笏洞爺	'49（昭24）. 5	99,473	北海道	3,708
十和田八幡平	'36（昭11）. 2	85,534	青森、秋田、岩手	2,492
三陸復興	'55（昭30）. 5	28,539	青森、岩手、宮城	2,803
磐梯朝日	'50（昭25）. 9	186,375	山形、福島、新潟	4,617
日光	'34（昭 9）. 12	114,908	福島、栃木、群馬	8,643
尾瀬	'07（平19）. 8	37,222	福島、栃木、群馬、新潟	121
上信越高原	'49（昭24）. 9	148,194	群馬、新潟、長野	11,688
秩父多摩甲斐	'50（昭25）. 7	126,259	埼玉、東京、山梨、長野	9,298
小笠原	'72（昭47）. 10	6,629	東京	21
富士箱根伊豆	'36（昭11）. 2	121,755	東京、神奈川、山梨、静岡	70,805
中部山岳	'34（昭 9）. 12	174,323	新潟、富山、長野、岐阜	4,048
妙高戸隠連山	'15（平27）. 3	39,772	新潟、長野	2,694
白山	'62（昭37）. 11	49,900	富山、石川、福井、岐阜	435
南アルプス	'64（昭39）. 6	35,752	山梨、長野、静岡	47
伊勢志摩	'46（昭21）. 11	55,544	三重	4,721
吉野熊野	'36（昭11）. 2	61,604	三重、奈良、和歌山	7,594
山陰海岸	'63（昭38）. 7	8,783	京都、兵庫、鳥取	3,625
瀬戸内海	'34（昭 9）. 3	67,308	大阪、兵庫、和歌山、岡山、広島、山口、徳島、香川、愛媛、福岡、大分	24,997
大山隠岐	'36（昭11）. 2	35,097	鳥取、島根、岡山	9,420
足摺宇和海	'72（昭47）. 11	11,345	愛媛、高知	2,698
西海	'55（昭30）. 3	24,646	長崎	2,629
雲仙天草	'34（昭 9）. 3	28,279	長崎、熊本、鹿児島	3,450
阿蘇くじゅう	'34（昭 9）. 12	73,017	熊本、大分	9,499
霧島錦江湾	'34（昭 9）. 3	36,605	宮崎、鹿児島	7,866
屋久島	'12（平24）. 3	24,566	鹿児島	90
奄美群島	'17（平29）. 3	42,196	鹿児島	345
やんばる	'16（平28）. 9	17,352	沖縄	887
慶良間諸島	'12（平24）. 3	3,520	沖縄	100
西表石垣	'72（昭47）. 5	40,658	沖縄	941
計	総面積	2,195,586	34国立公園	207,659

資料：環境省自然環境局　'23（令5）年3月31日現在

2

国定公園の現況

国定公園名	指定 年月	面積 (海域を除く) (ha)	関係 都道府県	'21(令3) 年利用者数 (千人)
暑寒別天売焼尻	'90(平 2).8	43,559	北海道	157
網走	'58(昭33).7	37,261	北海道	839
ニセコ積丹小樽海岸	'63(昭38).7	19,009	北海道	2,214
厚岸霧多布昆布森	'21(令 3).3	32,566	北海道	224
日高山脈襟裳	'81(昭56).10	103,447	北海道	200
大沼	'58(昭33).7	9,083	北海道	182
下北半島	'68(昭43).7	18,641	青森	398
津軽	'75(昭50).3	25,966	青森	910
早池峰	'82(昭57).6	5,463	岩手	35
栗駒	'68(昭43).7	77,303	岩手、宮城、秋田、山形	572
蔵王	'63(昭38).8	39,635	宮城、山形	2,607
男鹿	'73(昭48).5	8,156	秋田	972
鳥海	'63(昭38).7	28,955	秋田、山形	1,251
越後三山只見	'73(昭48).5	102,700	福島、新潟	1,089
水郷筑波	'59(昭34).3	34,956	茨城、千葉	9,632
妙義荒船佐久高原	'69(昭44).4	13,123	群馬、長野	739
南房総	'58(昭33).8	5,690	千葉	7,904
明治の森高尾	'67(昭42).12	777	東京	1,243
丹沢大山	'65(昭40).3	27,572	神奈川	2,687
佐渡弥彦米山	'50(昭25).7	29,464	新潟	3,045
能登半島	'68(昭43).5	9,672	富山、石川	2,344
越前加賀海岸	'68(昭43).5	9,794	石川、福井	2,781
若狭湾	'55(昭30).6	19,197	福井、京都	6,702
八ヶ岳中信高原	'64(昭39).6	39,857	長野、山梨	10,390
中央アルプス	'20(令 2).3	35,116	長野	479
天竜奥三河	'69(昭44).1	25,720	長野、静岡、愛知	3,356
揖斐関ヶ原養老	'70(昭45).12	20,219	岐阜	818
飛騨木曽川	'64(昭39).3	18,074	岐阜、愛知	3,970
愛知高原	'70(昭45).12	21,740	愛知	3,752
三河湾	'58(昭33).4	9,457	愛知	5,336
鈴鹿	'68(昭43).7	29,821	三重、滋賀	2,879

国定公園名	指　定 年　月	面積 （海域を除く） （ha）	関　係 都道府県	'21（令3） 年利用者数 （千人）
室生赤目青山	'70（昭45）.12	26,308	三重、奈良	978
琵琶湖	'50（昭25）. 7	97,601	滋賀、京都	23,418
丹後天橋立大江山	'07（平19）. 8	19,023	京都	2,520
京都丹波高原	'16（平28）. 3	69,158	京都	782
明治の森箕面	'67（昭42）.12	963	大阪	1,344
金剛生駒紀泉	'58（昭33）. 4	23,119	大阪、奈良、和歌山	11,855
氷ノ山後山那岐山	'69（昭44）. 4	48,803	兵庫、岡山、鳥取	2,131
大和青垣	'70（昭45）.12	5,742	奈良	4,759
高野龍神	'67（昭42）. 3	19,198	奈良、和歌山	2,028
比婆道後帝釈	'63（昭38）. 7	8,416	鳥取、島根、広島	335
西中国山地	'69（昭44）. 1	28,553	島根、広島、山口	390
北長門海岸	'55（昭30）.11	12,384	山口	1,442
秋吉台	'55（昭30）.11	4,502	山口	555
剣山	'64（昭39）. 3	20,961	徳島、高知	1,047
室戸阿南海岸	'64（昭39）. 6	6,230	徳島、高知	1,354
石鎚	'55（昭30）.11	10,683	愛媛、高知	711
北九州	'72（昭47）.10	8,107	福岡	2,699
玄海	'56（昭31）. 6	10,152	福岡、佐賀、長崎	16,862
耶馬日田英彦山	'50（昭25）. 7	85,024	福岡、熊本、大分	6,539
壱岐対馬	'68（昭43）. 7	11,946	長崎	852
九州中央山地	'82（昭57）. 5	27,096	熊本、宮崎	263
日豊海岸	'74（昭49）. 2	8,518	大分、宮崎	1,343
祖母傾	'65（昭40）. 3	22,000	大分、宮崎	916
日南海岸	'55（昭30）. 6	4,542	宮崎、鹿児島	2,506
甑島	'15（平27）. 3	5,447	鹿児島	47
沖縄海岸	'72（昭47）. 5	4,872	沖縄	5,866
沖縄戦跡	'72（昭47）. 5	3,127	沖縄	5,096
計	58国定公園	1,494,468		178,345

資料：環境省自然環境局　　'23（令5）年3月31日現在

国立公園内海域公園地区

公園名	海域公園地区名	位置	指定年月	箇所数	面積(ha)
利尻礼文サロベツ	礼文島西海岸	北海道礼文郡礼文町の地先海面	'21 (令 3). 10	1	3,200.0
	利尻島ポンモシリ	北海島利尻郡利尻富士町鴛泊の地先海面	〃	1	156.0
三陸復興	気仙沼	宮城県気仙沼市	'71 (昭 46). 1	3	23.4
	山田湾	岩手県下閉伊郡山田町	'18 (平 30). 3	1	839.0
	南三陸町沿岸	宮城県本吉郡南三陸町	〃	1	5,793.0
小笠原	瓢箪島	東京都小笠原村	'09 (平 21). 11	1	24.0
	人丸島	東京都小笠原村	〃	1	16.7
	兄島	東京都小笠原村	〃	1	26.9
	父島宮之浜・釣浜	東京都小笠原村	〃	1	38.9
	父島製氷海岸	東京都小笠原村	〃	1	2.9
	父島巽湾(中海岸)	東京都小笠原村	〃	1	2.0
	父島巽湾(鯨崎)	東京都小笠原村	〃	1	6.1
	父島巽湾(西海岸)	東京都小笠原村	〃	1	6.3
	南島	東京都小笠原村	〃	1	245.3
	母島椰子浜	東京都小笠原村	〃	1	85.2
	母島ウエントロ	東京都小笠原村	〃	1	157.1
	母島御幸之浜	東京都小笠原村	〃	1	41.3
	向島東海岸	東京都小笠原村	〃	1	47.5
	平島	東京都小笠原村	〃	1	79.2
富士箱根伊豆	三宅島	東京都三宅村	'94 (平 6). 11	2	51.6
	野田浜－ケイカイ	東京都大島町岡田地先	'22 (令 4). 9	1	31.6
	秋の浜	東京都大島町岡田及び泉津地先	〃	1	28.8
	王の浜	東京都大島町野増地先	〃	1	18.5
	トウシキ	東京都大島町地先	〃	1	24.0
	泊海岸～神引湾	東京都新島村式根島地先	〃	1	42.5
	御釜湾	東京都新島村式根島地先	〃	1	20.9
	赤崎－長浜作根	東京都神津島村神津島地先	〃	1	48.7
吉野熊野	串本海中公園	和歌山県東牟妻郡串本町	'70 (昭 45). 7	4	37.8
	串本海中公園	和歌山県東牟妻郡串本町	'06 (平 18). 1	1	12.6
	楯ヶ崎	三重県尾鷲市梶賀町地先	'75 (昭 50). 12	1	111.5
		三重県熊野市須野町及び甫母町地先			
	二木島・遊木	三重県熊野市二木島町及び遊木町地先	'75 (昭 50). 12	1	82.0
	平瀬島	三重県度会郡大紀町錦地先	'23 (令 5). 3	1	172.4
	オドナ岩・ダイヤ岩	三重県北牟婁郡紀北町白浦及び三浦地先	〃	1	93.6
	島勝浦・須賀利	三重県尾鷲市須賀利町地先	〃	1	309.6
		三重県北牟婁郡紀北町島勝浦地先			
	行野浦	三重県尾鷲市大字行野浦及び九鬼町地先	〃	1	138.5
	九木崎	三重県尾鷲市九鬼町地先	〃	1	66.1
	三木崎	三重県尾鷲市早田町及び盛松地先	〃	1	156.5
	カイタロー鼻・鈴置島	三重県熊野市波田須町及び磯崎町地先	〃	1	42.4
	みなべ	和歌山県日高郡みなべ町	'15 (平 27). 9	1	663.8
	ショウガセ	和歌山県日高郡みなべ町	〃	1	28.2
	田辺白浜	和歌山県田辺市及び西牟婁郡白浜町	〃	1	1,676.7
	枯木灘白浜・日置	和歌山県西牟婁郡白浜町	〃	1	1,422.1
	枯木灘すさみ	和歌山県西牟婁郡白浜町及びすさみ町	〃	1	1,072.3
	串本	和歌山県東牟妻郡串本町	〃	1	2,683.8
	苗我島	和歌山県東牟妻郡串本町	〃	1	5.9
	熊野灘古座・荒船	和歌山県東牟妻郡串本町及び那智勝浦町	〃	1	1,195.5
	熊野灘浦神・玉ノ浦	和歌山県東牟妻郡那智勝浦町	〃	1	259.7
	熊野灘勝浦・太地	和歌山県東牟妻郡那智勝浦町及び太地町	〃	1	1,390.5
	熊野灘王子ヶ浜・三輪崎	和歌山県新宮市	〃	1	600.5
山陰海岸	五色浜	京都府京丹後市	'90 (平 2). 4	1	31.3
	豊岡	兵庫県豊岡市	'71 (昭 46). 1	1	17.8
	竹野	兵庫県豊岡市	〃	1	18.8
	浜坂	兵庫県美方郡新温泉町	〃	2	37.6
	浦富海岸	鳥取県岩美郡岩美町	〃	1	40.8
	山陰海岸東部	京都府京丹後市	'14 (平 26). 3	1	5,005.8
		兵庫県豊岡市	〃		
		兵庫県美方郡香美町	〃		
	山陰海岸中部	兵庫美方郡香美町	〃	1	3,872.9
		兵庫県美方郡新温泉町	〃		
		鳥取県岩美郡岩美町	〃		
	山陰海岸西部	鳥取県鳥取市	〃	1	1,078.4
		鳥取県岩美郡岩美町	〃		
瀬戸内海	牛ヶ首	山口県大島郡周防大島町	'13 (平 25). 2	1	20.3
	地家室	山口県大島郡周防大島町	〃	1	13.0
	伊崎	山口県大島郡周防大島町	〃	1	18.6
	沖家室	山口県大島郡周防大島町	〃	1	4.5
大山隠岐	島根半島	島根県出雲市	'72 (昭 47). 10	1	7.0
	浄土ヶ浦	島根県隠岐郡隠岐の島町	'75 (昭 50). 12	2	20.8
	代	島根県隠岐郡隠岐の島町	〃	1	14.8
	国賀	島根県隠岐郡西ノ島町	〃	1	7.3
	海士	島根県隠岐郡海士町	'97 (平 9). 9	1	7.6
足摺宇和海	宇和海	愛媛県南宇和郡愛南町	'72 (昭 47). 11	9	58.2
	沖ノ島	高知県宿毛市	〃	5	36.3
	竜串	高知県土佐清水市	〃	4	49.1
	樫西	高知県幡多郡大月町	〃	2	16.8
	勤崎	高知県幡多郡大月町	'95 (平 7). 8	1	8.3
	尻貝	高知県幡多郡大月町	〃	1	10.4
西海	福江	長崎県五島市	'72 (昭 47). 10	2	11.2
	若松	長崎県南松浦郡新上五島町	〃	3	19.2
雲仙天草	富岡	熊本県天草郡苓北町	'70 (昭 45). 7	2	16.2
	天草	熊本県天草市	〃	1	5.1
	牛深	熊本県天草市	〃	9	94.4

公園名	海域公園地区名	位置	指定年月	箇所数	面積(ha)
霧島錦江湾	桜島	鹿児島県鹿児島市	'70(昭45).7	2	60.7
	佐多岬	鹿児島県肝属郡南大隅町	〃	2	11.8
	神瀬	鹿児島県鹿児島市	'12(平24).3	1	83.0
	神造島	鹿児島県霧島市	〃	1	103.6
	若尊鼻	鹿児島県霧島市	〃	1	19.7
	若尊海山	鹿児島県霧島市	〃	1	170.7
	重富干潟	鹿児島県姶良市	〃	1	38.2
屋久島	栗生	鹿児島県熊毛郡屋久島町	'12(平24).3	3	114.4
	メガ崎	鹿児島県熊毛郡屋久島町	〃	1	56.5
奄美群島	笠利半島東海岸	鹿児島県奄美市	'17(平29).3	1	65.0
	摺子崎	鹿児島県奄美市	〃	1	79.0
	大島海峡	鹿児島県大島郡瀬戸内町	〃	3	69.0
	与論島礁湖	鹿児島県大島郡与論町	〃	1	746.0
	与論海岸	鹿児島県大島郡与論町	〃	3	165.0
慶良間諸島	慶良間諸島	沖縄県島尻郡渡嘉敷村 沖縄県島尻郡座間味村	'14(平26).3 〃	1	8,290.0
西表石垣	平野	沖縄県石垣市	'12(平24).3	1	938.0
	平久保	沖縄県石垣市	'07(平19).8	1	176.9
	明石	沖縄県石垣市	'12(平24).3	1	861.6
	玉取崎	沖縄県石垣市	〃	1	903.0
	川平石崎	沖縄県石垣市	'07(平19).8	1	274.8
	米原プカピー	沖縄県石垣市	'12(平24).3	1	147.4
	米原	沖縄県石垣市	'07(平19).8	1	129.7
	御神崎	沖縄県石垣市	'12(平24).3	1	291.9
	白保	沖縄県石垣市	'07(平19).8	1	311.6
	鳩間島バラス・宇那利崎	沖縄県八重山郡竹富町	'12(平24).3	1	1,419.1
	竹富島タキドングチ・石西礁湖北礁・ヨナラ水道	沖縄県八重山郡竹富町	'77(昭52).7	1	3,281.9
	西表島後良川河口	沖縄県八重山郡竹富町	'12(平24).3	1	369.0
	竹富島シモビシ	沖縄県八重山郡竹富町	'77(昭52).7	1	221.0
	竹富島南沖礁	沖縄県八重山郡竹富町	'12(平24).3	1	424.2
	西表島鹿川中瀬	沖縄県八重山郡竹富町	〃	1	380.6
	西表島仲間崎	沖縄県八重山郡竹富町	〃	1	193.6
	黒島ウラビシ・キャングチ・仲本海岸	沖縄県八重山郡竹富町	'77(昭52).7	1	2,403.2
	新城島マイビシ	沖縄県八重山郡竹富町	〃	1	179.7
	波照間島ヌービ崎沖	沖縄県八重山郡竹富町	'12(平24).3	1	1,721.7
	波照間島浜崎沖	沖縄県八重山郡竹富町	〃	1	712.9
	西表島大見謝	沖縄県八重山郡竹富町	'16(平28).4	1	103.0
	西表島ユツン	沖縄県八重山郡竹富町	〃	1	87.2
	外離島	沖縄県八重山郡竹富町	〃	1	391.0
小計	(16公園115地区)			159	59,817.5

'23(令5)年3月31日現在

国定公園内海域公園地区

公園名	海域公園地区名	位置	指定年月	箇所数	面積(ha)
ニセコ積丹小樽海岸	積丹半島	北海道積丹郡積丹町	'72(昭47).10	3	28.9
	小樽海岸	北海道小樽市	〃	3	14.7
下北半島	仏ヶ浦	青森県下北郡佐井村	'75(昭50).12	1	5.7
	鯛島	青森県むつ市	〃	1	3.6
南房総	勝浦	千葉県勝浦市	'74(昭49).6	1	14.5
佐渡弥彦米山	外海府	新潟県佐渡市	'71(昭46).1	2	10.0
	相川	新潟県佐渡市	〃	2	6.0
	小木	新潟県佐渡市	〃	1	5.0
能登半島	木ノ浦	石川県珠洲市	'71(昭46).1	2	6.3
	内浦	石川県鳳珠郡能登町	〃	3	32.0
越前加賀海岸	加賀海岸	石川県加賀市	'12(平24).3	1	613.0
若狭湾	三方	福井県三方上中郡若狭町	'71(昭46).1	4	30.2
北長門海岸	須佐湾	山口県萩市	'97(平9).9	1	33.0
室戸阿南海岸	阿波大島	徳島県海部郡牟岐町	'71(昭46).1	3	15.5
	阿波竹ヶ島	徳島県海部郡海陽町	'72(昭47).10	2	9.9
玄海	玄海	佐賀県唐津市	'70(昭45).7	5	45.5
壱岐対馬	壱岐辰ノ島	長崎県壱岐市	'78(昭53).6	1	8.6
	壱岐手長島	長崎県壱岐市	〃	1	9.7
	壱岐妻ヶ島	長崎県壱岐市	〃	1	9.3
	対馬浅茅湾	長崎県対馬市	〃	1	9.5
	対馬神崎	長崎県対馬市	〃	1	10.4
日豊海岸	蒲江	大分県佐伯市	'74(昭49).2	4	33.5
	南北浦	宮崎県延岡市	〃	6	48.7
日南海岸	日南	宮崎県日南市、串間市、南那珂郡南郷町	'70(昭45).7	6	55.9
甑島	上甑島西海岸及び長目の浜	鹿児島県薩摩川内市	'15(平27).3	1	1,668.6
	野島・近島等の属島群	鹿児島県薩摩川内市	〃	1	1,608.8
	鹿島断崖	鹿児島県薩摩川内市	〃	1	917.6
	下甑島西海岸	鹿児島県薩摩川内市	〃	1	2,564.7
沖縄海岸	沖縄海岸	沖縄県名護市、国頭郡恩納村	'72(昭47).5	1	126.0
小計	(15公園29地区)			61	7,945.1

資料：環境省自然環境局　　'23(令5)年3月31日現在

重要伝統的建造物群保存地区

市町村・地区名称			種別	面積（ha）
1	北海道	函館市元町末広町	港町	14.5
2	青森	弘前市仲町	武家町	10.6
3	青森	黒石市中町	商家町	3.1
4	岩手	金ケ崎町城内諏訪小路	武家町	34.8
5	宮城	村田町村田	商家町	7.4
6	秋田	横手市増田	在郷町	10.6
7	秋田	仙北市角館	武家町	6.9
8	福島	喜多方市小田付	在郷町・醸造町	15.5
9	福島	下郷町大内宿	宿場町	11.3
10	福島	南会津町前沢	山村集落	13.3
11	茨城	桜川市真壁	在郷町	17.6
12	栃木	栃木市嘉右衛門町	在郷町	9.6
13	群馬	桐生市桐生新町	製織町	13.4
14	群馬	中之条町六合赤岩	山村・養蚕集落	63.0
15	埼玉	川越市川越	商家町	7.8
16	千葉	香取市佐原	商家町	7.1
17	新潟	佐渡市宿根木	港町	28.5
18	富山	高岡市山町筋	商家町	5.5
19	富山	高岡市金屋町	鋳物師町	6.4
20	富山	高岡市吉久	在郷町	4.1
21	富山	南砺市相倉	山村集落	18.0
22	富山	南砺市菅沼	山村集落	4.4
23	石川	金沢市東山ひがし	茶屋町	1.8
24	石川	金沢市主計町	茶屋町	0.6
25	石川	金沢市卯辰山麓	寺町	22.1
26	石川	金沢市寺町台	寺町	22.0
27	石川	輪島市黒島地区	船主集落	20.5
28	石川	加賀市加賀橋立	船主集落	11.0
29	石川	加賀市加賀東谷	山村集落	151.8
30	石川	白山市白峰	山村・養蚕集落	10.7
31	福井	小浜市小浜西組	商家町・茶屋町	19.1
32	福井	南越前町今庄宿	宿場町	9.2
33	福井	若狭町熊川宿	宿場町	10.8
34	山梨	甲州市塩山下小田原上条	山村・養蚕集落	15.1
35	山梨	早川町赤沢	山村・講中宿	25.6
36	長野	長野市戸隠	宿坊群・門前町	73.3
37	長野	塩尻市奈良井	宿場町	17.6
38	長野	塩尻市木曾平沢	漆工町	12.5
39	長野	千曲市稲荷山	商家町	13.0
40	長野	東御市海野宿	宿場・養蚕町	13.2
41	長野	南木曽町妻籠宿	宿場町	1,245.4
42	長野	白馬村青鬼	山村集落	59.7
43	岐阜	高山市三町	商家町	4.4
44	岐阜	高山市下二之町大新町	商家町	6.6
45	岐阜	美濃市美濃町	商家町	9.3
46	岐阜	恵那市岩村町本通り	商家町	14.6
47	岐阜	郡上市郡上八幡北町	城下町	14.1
48	岐阜	白川村荻町	山村集落	45.6
49	静岡	焼津市花沢	山村集落	19.5
50	愛知	名古屋市有松	染織町	7.3
51	愛知	豊田市足助	商家町	21.5
52	三重	亀山市関宿	宿場町	25.0
53	滋賀	大津市坂本	里坊群・門前町	28.7
54	滋賀	彦根市河原町芹町地区	商家町	5.0
55	滋賀	近江八幡市八幡	商家町	13.1
56	滋賀	東近江市五個荘金堂	農村集落	32.2
57	京都	京都市上賀茂	社家町	2.7
58	京都	京都市産寧坂	門前町	8.2
59	京都	京都市祇園新橋	茶屋町	1.4
60	京都	京都市嵯峨鳥居本	門前町	2.6
61	京都	南丹市美山町北	山村集落	127.5
62	京都	伊根町伊根浦	漁村	310.2
63	京都	与謝野町加悦	製織町	12.0
64	大阪	富田林市富田林	寺内町・在郷町	12.9
65	兵庫	神戸市北野町山本通	港町	9.3
66	兵庫	豊岡市出石	城下町	23.1

市町村・地区名称			種別	面積（ha）
67	兵庫	丹波篠山市篠山	城下町	40.2
68	兵庫	丹波篠山市福住	宿場町・農村集落	25.2
69	兵庫	養父市大屋町大杉	山村・養蚕集落	5.8
70	兵庫	たつの市龍野	商家町・醸造町	15.9
71	奈良	橿原市今井町	寺内町・在郷町	17.4
72	奈良	五條市五條新町	商家町	7.0
73	奈良	宇陀市松山	商家町	17.0
74	和歌山	湯浅町湯浅	醸造町	6.3
75	鳥取	倉吉市打吹玉川	商家町	9.2
76	鳥取	若桜町若桜	商家町	9.5
77	鳥取	大山町所子	農村集落	25.8
78	島根	大田市大森銀山	鉱山町	162.7
79	島根	大田市温泉津	港町・温泉町	36.6
80	島根	津和野町津和野	武家町・商家町	11.1
81	岡山	倉敷市倉敷川畔	商家町	15.0
82	岡山	津山市城東	商家町	8.1
83	岡山	津山市城西	寺町・商家町	12.0
84	岡山	高梁市吹屋	鉱山町	6.4
85	岡山	矢掛町矢掛宿	宿場町	11.5
86	広島	呉市豊町御手洗	港町	6.9
87	広島	竹原市竹原地区	製塩町	5.0
88	広島	福山市鞆町	港町	8.6
89	広島	廿日市市宮島町	門前町	16.8
90	山口	萩市堀内地区	武家町	55.0
91	山口	萩市平安古地区	武家町	4.0
92	山口	萩市浜崎	港町	10.3
93	山口	萩市佐々並市	宿場町	20.8
94	山口	柳井市古市金屋	商家町	1.7
95	徳島	美馬市脇町南町	商家町	5.3
96	徳島	三好市東祖谷山村落合	山村集落	32.3
97	徳島	牟岐町出羽島	漁村集落	3.7
98	香川	丸亀市塩飽本島町笠島	港町	13.1
99	愛媛	西予市宇和町卯之町	在郷町	4.9
100	愛媛	内子町八日市護国	製蝋町	3.5
101	高知	室戸市吉良川町	在郷町	18.3
102	高知	安芸市土居廓中	武家町	9.2
103	福岡	八女市八女福島	商家町	19.8
104	福岡	八女市黒木	在郷町	18.4
105	福岡	うきは市筑後吉井	在郷町	20.7
106	福岡	うきは市新川田篭	山村集落	71.2
107	福岡	朝倉市秋月	城下町	58.6
108	佐賀	鹿島市浜庄津町浜金屋町	港町・在郷町	2.0
109	佐賀	鹿島市浜中町八本木宿	醸造町	6.7
110	佐賀	嬉野市塩田津	商家町	12.8
111	佐賀	有田町有田内山	製磁町	15.9
112	長崎	長崎市東山手	港町	7.5
113	長崎	長崎市南山手	港町	17.0
114	長崎	平戸市大島村神浦	港町	21.2
115	長崎	雲仙市神代小路	武家町	9.8
116	大分	日田市豆田町	商家町	10.7
117	大分	杵築市北台南台	武家町	16.1
118	宮崎	日南市飫肥	武家町	19.8
119	宮崎	日向市美々津	港町	7.2
120	宮崎	椎葉村十根川	山村集落	39.9
121	鹿児島	出水市出水麓	武家町	43.8
122	鹿児島	薩摩川内市入来麓	武家町	19.2
123	鹿児島	南さつま市加世田麓	武家町	20.0
124	鹿児島	南九州市知覧	武家町	18.6
125	沖縄	渡名喜村渡名喜島	島の農村集落	21.4
126	沖縄	竹富町竹富島	島の農村集落	38.3
43道府県104市町村126地区				4,023.9

重要伝統的建造物群保存地区選定基準（昭和50年11月20日　文部省告示第157号）伝統的建造物群保存地区を形成している区域のうち次の各号の一に該当するもの

1. （一）伝統的建造物群が全体として意匠的に優秀なもの
2. （二）伝統的建造物群及び地割がよく旧態を保持しているもの
3. （三）伝統的建造物群及びその周囲の環境が地域的特色を顕著に示しているもの

資料：文部科学省文化庁文化財第二課　（令和3年8月2日現在）

歴史的風土

①歴史的風土保存区域、歴史的風土特別保存地区指定状況（明日香村を除く）

都市名	歴史的風土保存区域		歴史的風土特別保存地区
	区域の名称	地区の名称	地区の名称
京都市	京都市歴史的風土保存区域	醍醐	醍醐
		桃山	
		東山	修学院
			瓜生山
			大文字山
			清水
			阿弥陀ヶ峰
			泉涌寺
			稲荷山
		山科	山科
		上高野	上高野
		大原	寂光院
			三千院
		鞍馬	
		岩倉	岩倉
		上賀茂松ヶ崎	上賀茂
			神山
			松ヶ崎
		西賀茂	西賀茂
		御室・衣笠	金閣寺
			御室・衣笠
			双ケ岡
		高雄・愛宕	
		嵯峨嵐山	嵯峨野
			曼荼羅山
			小倉山
			嵐山
		桂	
		（14 地区）8,513.0（ha）	（24 地区）2,861.0（ha）
奈良市	奈良市歴史的風土保存区域	春日山	春日山
		平城宮跡	平城宮跡
			山陵
			聖武天皇陵
		西ノ京	唐招提寺
			薬師寺
		（3 地区）2,776.0（ha）	（6 地区）1,809.0（ha）

都市名	歴史的風土保存区域		歴史的風土特別保存地区
	区域の名称	地区の名称	地区の名称
斑鳩町	奈良県生駒郡斑鳩町歴史的風土保存区域	斑鳩	法隆寺
		（1 地区）536.0（ha）	（1 地区）80.9（ha）
天理市	天理市、橿原市及び桜井市歴史的風土保存区域	石上三輪	石上神宮
			崇神景行天皇陵
桜井市		石上三輪	三輪山
		鳥見山	
		磐余	
橿原市		大和三山	畝傍山
			耳成山
			香久山
			藤原宮跡
		（4 地区）2,712.0（ha）	（7 地区）598.2（ha）
鎌倉市	鎌倉市及び逗子市歴史的風土保存区域	朝比奈	朝比奈切通し
		八幡宮	浄妙寺
			瑞泉寺
			護良親王墓
			永福寺跡
			建長寺・浄智寺・八幡宮
			寿福寺
		長谷極楽寺	大仏・長谷観音
			極楽寺
			稲村ヶ崎
		山ノ内	円覚寺
		大町材木座	妙本寺・衣張山
			名越切通し
逗子市		大町材木座	
		（5 地区）989.0（ha）	（13 地区）573.6（ha）
大津市	大津市歴史的風土保存区域	比叡山・坂本	延暦寺東塔・西塔
			延暦寺横川
			延暦寺飯室谷
			西教寺
			日吉大社
		近江大津京跡	崇福寺跡
			近江神宮
		園城寺	園城寺
		音羽山	
		石山寺	石山寺
		（5 地区）4,557.0（ha）	（9 地区）505.7（ha）
合計	6 区域	（32 地区）20,083.0（ha）	（60 地区）6,428.4（ha）

資料：国土交通省都市局　　'17（平 29）年 3 月末

②明日香村における第 1 種歴史的風土保存地区及び第 2 種歴史的風土保存地区

都市名	第 1 種歴史的風土保存地区		第 2 種歴史的風土保存地区
	地区の名称	面　積	
明日香村	飛鳥宮跡	105.6（ha）	2,278.4（ha）
	石舞台	5.0	
	岡寺	7.5	
	高松塚	7.5	
	4 地区	125.6（ha）	2,278.4（ha）

資料：国土交通省都市局　　'17（平 29）年 3 月末

温泉地及び温泉利用者数等

都道府県	温泉地数	ゆう出量 ℓ/min	宿泊施設数	収容定員（人）	年度延宿泊利用人員	入湯税収入済額（千円）＊
北海道	228	195,015	697	120,826	8,861,846	1,568,956
青森県	124	147,024	232	22,221	849,894	107,524
岩手県	83	112,077	203	25,106	1,363,301	317,184
宮城県	41	22,544	246	31,382	1,352,706	301,168
秋田県	119	86,965	216	17,628	1,153,261	356,321
山形県	75	47,961	280	25,895	1,274,676	343,359
福島県	128	78,318	479	52,811	2,188,528	434,670
茨城県	36	22,679	75	8,577	538,121	249,089
栃木県	67	62,740	402	50,469	2,719,955	558,689
群馬県	90	54,179	516	45,296	3,680,241	537,558
埼玉県	28	15,481	42	5,062	614,370	44,933
千葉県	84	12,313	164	48,938	2,049,917	277,180
東京都	19	30,318	34	4,750	349,769	232,307
神奈川県	39	31,219	568	60,743	3,447,488	605,093
新潟県	137	65,729	509	57,606	2,308,293	529,070
富山県	68	30,347	123	14,117	750,492	172,336
石川県	52	31,338	202	31,947	2,326,468	266,977
福井県	37	7,761	133	22,506	946,657	279,516
山梨県	27	37,540	199	21,654	1,975,043	452,111
長野県	192	103,456	995	89,186	4,298,935	822,206
岐阜県	55	69,296	274	25,863	1,387,951	404,088
静岡県	122	110,770	2,120	111,444	6,577,593	993,267
愛知県	35	16,473	92	14,375	954,113	171,100
三重県	71	46,740	344	45,099	1,674,598	357,738
滋賀県	24	10,651	45	8,741	673,094	140,946
京都府	43	20,194	203	15,997	1,313,994	165,375
大阪府	33	32,882	48	16,084	1,283,806	241,876
兵庫県	81	48,150	376	40,878	3,300,419	532,227
奈良県	33	6,444	73	7,804	457,636	47,004
和歌山県	49	57,848	329	34,227	2,293,184	288,122

都道府県	温泉地数	ゆう出量 ℓ/min	宿泊施設数	収容定員(人)	年度延宿泊利用人員	入湯税収入済額(千円)＊
鳥取県	16	20,940	102	13,632	666,043	105,369
島根県	39	32,363	104	11,781	838,549	130,831
岡山県	36	22,063	89	8,578	503,762	116,434
広島県	63	32,721	80	9,354	888,089	119,555
山口県	45	23,458	138	11,708	1,047,064	159,954
徳島県	25	7,425	30	3,444	236,054	29,484
香川県	28	10,860	55	10,626	720,391	74,821
愛媛県	35	18,806	94	10,838	827,808	93,335
高知県	43	2,811	100	6,154	343,515	41,283
福岡県	48	51,594	98	12,014	953,740	163,927
佐賀県	19	21,875	82	7,827	520,317	115,056
長崎県	34	26,797	86	13,130	988,467	148,565
熊本県	53	129,359	386	31,831	924,541	221,909
大分県	62	298,264	858	47,512	3,174,119	406,990
宮崎県	28	25,303	66	6,255	606,535	119,151
鹿児島県	87	174,709	305	25,461	1,274,568	171,791
沖縄県	13	5,086	17	9,317	558,893	92,534
令和3年度計	2,894	2,518,885	12,909	1,316,694	78,038,804	14,108,979
令和2年度計	2,934	2,534,086	12,924	1,313,024	76,592,711	12,357,341
令和元年度計	2,971	2,518,113	13,050	1,339,237	126,529,082	22,497,732
平成30年度計	2,982	2,518,971	12,875	1,323,011	130,563,552	22,364,376
平成29年度計	2,983	2,546,813	12,860	1,344,954	130,567,782	22,688,545
平成28年度計	3,038	2,564,123	13,008	1,354,607	130,127,812	22,364,376
平成27年度計	3,084	2,574,114	13,108	1,371,063	132,064,038	22,743,172
平成26年度計	3,088	2,630,428	13,278	1,377,591	127,974,837	22,372,601
平成25年度計	3,098	2,642,705	13,358	1,377,387	126,422,229	22,061,618
平成24年度計	3,085	2,588,195	13,521	1,373,508	124,695,579	21,798,713

注：1　温泉地数は宿泊施設のある場所を計上
　　2　宿泊利用人員は参考数値

資料：環境省自然環境局　'22（令4）年3月末
　＊　総務省自治財政局（令和元～3年度）、
　　　総務省自治税務局（平成24～30年度）

入湯税収入額が多い市町村ベスト 30

順位	都道府県	市町村	主な温泉地	入湯税収入額（千円）	全体比
1	神奈川県	箱根町	箱根温泉郷	408,310	2.9%
2	大分県	別府市	別府温泉郷	259,394	1.8%
3	静岡県	熱海市	熱海	243,438	1.7%
4	静岡県	伊東市	伊東	218,140	1.5%
5	栃木県	日光市	鬼怒川、川治、湯西川、奥鬼怒	198,881	1.4%
6	北海道	札幌市	定山渓	194,320	1.4%
7	兵庫県	神戸市	有馬	186,864	1.3%
8	北海道	函館市	湯川	136,536	1.0%
9	群馬県	草津町	草津	135,909	1.0%
10	栃木県	那須町	那須温泉郷	135,741	1.0%
11	和歌山県	白浜町	白浜	131,767	0.9%
12	大阪府	大阪市	なにわ	129,150	0.9%
13	北海道	登別市	登別、カルルス	121,517	0.9%
14	岐阜県	高山市	奥飛騨温泉郷、飛騨高山	120,932	0.9%
15	宮城県	仙台市	秋保、作並	119,710	0.8%
16	群馬県	渋川市	伊香保	112,035	0.8%
17	三重県	鳥羽市	鳥羽温泉郷	107,258	0.8%
18	長野県	軽井沢町	星野	105,231	0.7%
19	栃木県	那須塩原市	塩原温泉郷、板室	102,795	0.7%
20	石川県	加賀市	山中、山代、片山津	88,870	0.6%
21	京都府	京都市	北白川、嵯峨野、嵐山、大原	87,466	0.6%
22	岐阜県	下呂市	下呂、小坂温泉郷	87,156	0.6%
23	静岡県	伊豆市	修善寺、天城湯ヶ島、土肥、中伊豆	87,139	0.6%
24	北海道	釧路市	阿寒湖	84,385	0.6%
25	新潟県	湯沢町	越後湯沢、貝掛	82,257	0.6%
26	秋田県	仙北市	乳頭温泉郷、玉川	82,057	0.6%
27	岩手県	花巻市	花巻温泉郷	81,592	0.6%
28	愛媛県	松山市	道後	80,649	0.6%
29	山形県	鶴岡市	湯野浜、湯田川、あつみ	78,745	0.6%
30	宮崎県	宮崎市	青島、曽山寺	73,838	0.5%
課税市町村　988 件			合計　14,108,979		

資料：（一社）日本温泉協会が総務省資料（2021 年度決算）をもとに作成。

2

3. 観光施設

ホテル・旅館の登録制度

ホテル・旅館の登録制度は、国際観光ホテル整備法（昭和24年法第279号）の規定に基づき、外客の宿泊施設としてふさわしい一定の施設等の条件を備えたホテル・旅館を登録し、外客に情報を宣伝することにより、外国人の訪問を促進して、国際観光を振興することを目的としている。

OFFICIAL REGISTERED HOTEL
In Accordance with Laws for Improvement of International Tourist Hotel Facilities
NO. 0001
国際観光ホテル整備法
登録ホテル

ホテル・旅館の都道府県別分布状況

都道府県	旅館・ホテル＊1		登録ホテル＊2		登録旅館＊2	
	施設数	客室数	施設数	客室数	施設数	客室数
北海道	2,951	122,008	63	11,351	70	11,110
（札幌市）	(392)	(36,005)	(13)	(4,024)	(8)	(1,851)
青森県	605	19,645	16	1,515	5	444
岩手県	787	21,990	9	1,107	21	1,593
宮城県	712	34,258	14	1,946	24	2,467
（仙台市）	(206)	(17,787)	(4)	(765)	(9)	(1,088)
秋田県	515	15,227	12	1,518	13	820
山形県	774	20,002	14	1,545	48	2,352
福島県	1,477	42,883	15	2,112	45	2,660
茨城県	925	29,155	17	1,937	9	560
栃木県	1,392	36,298	10	884	32	2,254
群馬県	1,154	29,574	16	1,726	58	3,610
埼玉県	688	24,504	8	987	5	143
（さいたま市）	(96)	(5,820)	(2)	(400)	(1)	(13)
千葉県	1,256	59,684	53	15,208	23	1,488
（千葉市）	(132)	(11,181)	(15)	(4,491)	(0)	(0)

都道府県	旅館・ホテル＊1		登録ホテル＊2		登録旅館＊2	
	施設数	客室数	施設数	客室数	施設数	客室数
東京都	3,654	205,327	64	23,605	6	191
神奈川県	1,330	56,493	42	7,885	42	1,724
（横浜市）	(233)	(22,800)	(14)	(4,436)	(0)	(0)
（川崎市）	(61)	(4,487)	(3)	(407)	(0)	(0)
（相模原市）	(76)	(3,189)	(0)	(0)	(0)	(0)
新潟県	1,984	44,410	44	8,081	73	3,434
（新潟市）	(189)	(9,971)	(23)	(3,813)	(7)	(259)
富山県	374	15,248	10	1,271	15	850
石川県	741	28,812	22	3,783	61	4,395
福井県	909	15,539	7	891	21	1,264
山梨県	1,323	26,600	13	1,236	49	2,655
長野県	2,585	63,598	46	5,160	143	6,518
岐阜県	1,075	25,738	17	2,673	40	2,350
静岡県	2,654	70,019	73	9,388	114	6,274
（静岡市）	(167)	(6,980)	(16)	(2,021)	(6)	(132)
（浜松市）	(191)	(9,194)	(26)	(3,928)	(9)	(542)
愛知県	1,236	69,448	25	5,936	23	1,348
（名古屋市）	(393)	(36,472)	(13)	(4,407)	(0)	(0)
三重県	1,285	30,646	27	3,252	42	2,637
滋賀県	489	15,013	21	2,927	13	699
京都府	1,013	49,375	20	6,068	59	2,002
（京都市）	(680)	(42,065)	(15)	(5,528)	(44)	(1,554)
大阪府	1,558	119,230	25	9,338	6	201
（大阪市）	(1,099)	(98,729)	(18)	(8,403)	(2)	(39)
（堺市）	(71)	(3,721)	(3)	(381)	(0)	(0)
兵庫県	1,447	47,299	19	4,515	53	2,948
（神戸市）	(265)	(18,338)	(6)	(2,468)	(13)	(947)
奈良県	409	10,232	4	468	19	553
和歌山県	669	16,923	13	1,583	20	2,134
鳥取県	334	9,782	1	135	24	1,109
島根県	386	10,563	6	641	22	1,118
岡山県	681	21,839	10	1,369	11	543
（岡山市）	(172)	(9,486)	(6)	(1,047)	(0)	(0)

都道府県		旅館・ホテル＊1		登録ホテル＊2		登録旅館＊2	
		施設数	客室数	施設数	客室数	施設数	客室数
広島県		713	31,926	21	3,518	15	624
（広島市）		(255)	(17,243)	(8)	(2,261)	(2)	(71)
山口県		609	17,653	10	1,131	19	1,209
徳島県		466	9,519	8	769	6	214
香川県		343	13,665	9	1,282	11	508
愛媛県		436	16,841	30	3,504	13	888
高知県		356	10,465	5	565	10	612
福岡県		1,186	58,806	28	5,208	8	276
（北九州市）		(151)	(9,512)	(1)	(24)	(0)	(0)
（福岡市）		(586)	(34,651)	(19)	(4,382)	(0)	(0)
佐賀県		339	9,354	10	1,341	14	850
長崎県		614	21,715	4	512	19	1,145
熊本県		1,015	28,176	13	2,054	14	1,051
（熊本市）		(191)	(10,621)	(9)	(1,558)	(0)	(0)
大分県		1,021	25,080	2	148	26	1,211
宮崎県		413	15,467	20	3,715	7	306
鹿児島県		859	27,428	15	3,356	16	1,239
沖縄県		2,781	64,100	18	4,378	0	0
全国	'22（令和4）	50,523	1,757,557	949	173,522	1,387	84,581
	'21（令和3）	50,703	1,739,124	947	174,010	1,387	84,564
	'20（令和2）	51,004	1,707,078	945	173,384	1,393	85,009

注：（　）は政令指定都市

資料：＊1　厚生労働省「衛生行政報告例」、令和3年度末現在
全国集計については各年とも3月末の集計データ

＊2　国土交通省観光庁観光産業課、令和4年12月末現在
全国集計については、各年とも12月末の集計データ

各団体加盟の宿泊施設数

都道府県名	ホテル		旅館	国民宿舎	
	日本ホテル協会	全日本ホテル連盟	日本旅館協会	国民宿舎協会（公営）	民営国民宿舎協議会
北海道	10	7	167	2	3
青森県	5	3	17	1	0
岩手県	2	3	32	2	0
宮城県	6	4	34	0	0
秋田県	3	1	17	0	0
山形県	3	1	69	2	0
福島県	2	3	60	0	3
茨城県	4	3	18	1	0
栃木県	3	5	70	1	1
群馬県	3	1	84	1	0
埼玉県	2	4	9	1	0
千葉県	5	7	41	1	0
東京都	44	59	37	0	1
神奈川県	17	10	52	0	2
新潟県	4	12	96	0	3
長野県	8	11	220	7	8
山梨県	5	1	65	0	1
静岡県	11	4	90	2	2
富山県	2	0	21	2	0
石川県	1	2	59	2	0
福井県	1	2	25	2	0
岐阜県	3	1	43	0	2
愛知県	17	9	51	0	0
三重県	3	2	59	0	1
滋賀県	3	1	19	0	1
京都府	10	7	101	0	0
大阪府	15	20	22	0	0

3

都道府県名	ホテル		旅館	国民宿舎	
	日本ホテル協会	全日本ホテル連盟	日本旅館協会	国民宿舎協会（公営）	民営国民宿舎協議会
兵庫県	6	14	97	1	0
奈良県	1	2	38	1	0
和歌山県	1	3	41	1	3
鳥取県	0	1	22	2	2
島根県	1	0	30	2	0
岡山県	4	3	14	1	0
広島県	3	4	30	3	1
山口県	3	1	36	2	1
徳島県	1	0	19	0	1
香川県	1	1	27	1	1
愛媛県	2	4	36	0	0
高知県	1	0	35	1	0
福岡県	5	3	20	3	0
佐賀県	0	0	19	0	2
長崎県	2	3	30	1	0
熊本県	0	1	29	0	0
大分県	0	0	60	0	0
宮崎県	1	1	11	2	1
鹿児島県	4	1	42	2	1
沖縄県	7	0	6	0	0
'23（令和 5）計	235	225	2,220	50	41
'22（令和 4）計	240	230	2,292	53	47
'21（令和 3）計	243	237	2,348	60	47
'20（令和 2）計	246	240	2,439	72	50
'19（令和 1）計	242	233	2,528	82	56
'18（平成 30）計	247	213	2,632	91	56
'17（平成 29）計	246	206	2,699	94	57
'16（平成 28）計	249	206	2,755	102	56
'15（平成 27）計	244	197	2,911	107	57

資料：各関係団体

主要ホテルの客室利用状況

（単位：千人・%）

年	利用者総数	平均客室利用率	都市 京浜 利用者数	都市 京浜 客室利用率	都市 京阪神 利用者数	都市 京阪神 客室利用率	都市 地方都市 利用者数	都市 地方都市 客室利用率	都市 計 利用者数	都市 計 客室利用率	リゾート 利用者数	リゾート 客室利用率
'16（平28）	24,308	78.9	8,970	82.1	4,392	85.7	7,254	76.1	20,617	80.4	3,691	69.0
'17（平29）	24,435	79.2	9,011	82.6	4,530	88.2	6,698	75.9	20,238	81.2	4,196	68.3
'18（平30）	22,654	80.2	8,668	84.6	4,044	88.0	6,400	76.2	19,113	82.0	3,576	68.7
'19（令1）	23,412	79.2	8,814	82.7	4,226	86.6	7,067	76.1	20,107	80.9	3,305	68.0
'20（令2）	10,361	35.3	2,952	27.2	1,809	35.2	3,650	42.3	8,411	34.6	1,950	39.9
'21（令3）	9,926	34.7	2,992	29.7	1,659	35.0	3,469	40.3	8,120	34.9	1,805	33.8
'22（令4）	15,351	54.2	4,730	51.9	3,047	55.3	4,870	57.2	12,646	54.7	2,705	51.7

注：1　平均客室利用率は客室数に応じた加重平均
　　2　京浜は、東京23区、横浜市、川崎市を指す
資料：（一社）日本ホテル協会

主要ホテルの地域別月別客室利用率

（単位：%）

	1月	2月	3月	4月	5月	6月	7月	8月	9月	10月	11月	12月
京浜	33.0	34.5	41.8	44.3	49.9	51.6	52.3	53.9	52.9	60.3	74.2	74.5
京阪神	39.1	31.6	46.9	47.6	54.4	61.0	54.8	52.7	56.1	68.2	78.6	77.0
地方都市	40.2	34.4	46.7	50.8	56.7	60.5	60.9	62.5	62.9	68.0	73.5	72.9
リゾート	32.0	28.1	42.8	44.3	51.8	49.0	55.3	63.1	57.2	62.7	69.6	64.6
全ホテル	36.5	33.0	44.6	47.1	53.3	56.0	55.9	57.8	57.3	64.6	74.2	73.1

注：京浜は、東京23区、横浜市、川崎市を指す　'22（令4）年
資料：（一社）日本ホテル協会

ビジネスホテルの客室利用率

（単位：%）

年度	北海道	東北	関東	甲信越	東海	北陸	近畿	中国	四国	九州	全国平均
'16（平28）	74.1	63.7	87.4	71.2	79.6	80.6	84.9	70.5	71.0	70.0	81.7
'17（平29）	76.2	62.3	88.1	71.5	82.5	84.3	84.3	73.9	71.4	75.9	77.0
'18（平30）	77.2	67.6	88.3	70.7	82.5	77.4	82.5	77.3	57.3	75.6	75.8
'19（令1）	77.9	65.8	80.4	69.7	75.4	78.7	75.1	69.3	60.8	68.3	76.2
'20（令2）	53.0	58.5	35.4	50.4	48.2	51.2	38.3	40.2	42.9	45.7	41.3
'21（令3）	56.0	68.2	54.9	64.2	59.9	57.9	50.6	54.2	56.5	52.7	55.9
'22（令4）	74.7	80.2	75.9	73.2	77.8	75.3	73.8	76.3	70.7	76.9	75.9

資料：（一社）全日本ホテル連盟

ビジネスホテルの地域別月別客室利用率

（単位：%）

	4月	5月	6月	7月	8月	9月	10月	11月	12月	1月	2月	3月	平均
北海道	61.5	74.8	76.9	81.4	84.2	81.0	76.0	70.8	72.2	65.5	78.5	72.1	74.7
東北	82.3	80.2	84.9	82.2	83.7	83.4	84.4	82.5	77.0	67.4	75.7	80.2	80.2
関東	71.3	69.3	69.4	71.0	71.2	72.8	78.7	82.9	84.5	71.8	80.0	86.0	75.9
甲信越	68.1	72.3	73.8	74.2	78.1	77.8	80.2	77.5	69.2	60.5	69.9	74.7	73.2
東海	73.5	73.8	73.2	72.9	78.2	77.4	82.2	84.0	84.0	72.3	78.2	83.8	77.8
北陸	74.2	74.6	72.2	70.3	79.1	81.5	79.7	82.0	71.4	61.9	75.1	83.3	75.3
近畿	69.1	68.9	71.2	65.7	74.2	73.4	72.3	81.6	80.2	69.0	76.4	85.4	73.8
中国	72.6	75.7	75.0	76.4	79.8	77.4	81.6	84.2	67.7	75.4	67.9	79.3	76.3
四国	66.8	68.0	71.7	70.4	74.1	66.1	72.9	78.8	72.0	59.2	72.2	76.0	70.7
九州	71.8	74.1	70.1	70.3	74.2	73.3	80.0	86.4	82.3	73.6	80.5	85.5	76.9
全国平均	71.4	71.2	71.8	71.7	74.5	74.7	78.6	82.4	81.2	70.3	78.1	84.1	75.9

資料：（一社）全日本ホテル連盟　'22（令4）年度

主要旅館の定員稼働率

（単位：%）

年度	全国	北海道	東北	関東	北陸信越	中部	関西	中国	四国	九州（含沖縄）
'14（平26）	36.0	34.0	32.0	32.8	32.7	41.9	37.0	34.3	37.8	40.2
'15（平27）	36.6	36.5	31.5	38.6	33.8	40.3	39.3	34.2	35.5	39.9
'16（平28）	37.7	36.2	33.3	38.6	37.1	40.4	41.4	34.6	37.6	40.1
'17（平29）	37.3	38.1	31.3	39.1	31.1	40.6	41.5	32.8	41.8	40.6
'18（平30）	40.2	39.8	32.2	39.2	34.5	49.0	43.2	34.1	38.7	48.4
'19（令1）	38.1	34.6	35.9	38.2	32.1	41.3	37.3	35.8	39.5	44.4
'20（令2）	36.4	37.6	29.4	40.4	32.0	40.4	32.5	33.8	36.8	43.5
'21（令3）	25.1	25.6	22.3	27.1	24.6	25.4	24.9	20.6	27.4	30.7
'22（令4）	21.3	31.6	17.8	22.3	23.2	26.5	22.3	23.1	20.7	20.0

注：定員稼働率 $= \dfrac{\text{年間延べ宿泊人員}}{\text{収容人員} \times \text{営業日数}}$

資料：（一社）日本旅館協会「営業状況等統計調査」

民泊制度

民泊とは、一般的には、住宅（戸建住宅やマンションなどの共同宅等）の全部又は一部を活用して、旅行者等に宿泊サービスを提供することを指す。国内で民泊を行う場合には、

1. 旅館業法（昭和23年法律第138号）の許可を得る
2. 国家戦略特区法（平成25年法律第107号）（特区民泊）の認定を得る
3. 住宅宿泊事業法（平成29年法律第65号）の届出を行う

などの方法から選択することとなる。

出典：民泊制度ポータルサイト（https://www.mlit.go.jp/kankocho/minpaku/overview/minpaku/index.html）
（出典をもとに（公社）日本観光振興協会にて編集）

住宅宿泊事業法に基づく届出住宅数

①都道府県 届出住宅数

1	北海道	730	17	石川県	34	33	岡山県	36
2	青森県	58	18	福井県	30	34	広島県	129
3	岩手県	67	19	山梨県	249	35	山口県	73
4	宮城県	86	20	長野県	116	36	徳島県	54
5	秋田県	31	21	岐阜県	166	37	香川県	89
6	山形県	30	22	静岡県	294	38	愛媛県	108
7	福島県	106	23	愛知県	96	39	高知県	46
8	茨城県	158	24	三重県	188	40	福岡県	678
9	栃木県	337	25	滋賀県	155	41	佐賀県	30
10	群馬県	117	26	京都府	70	42	長崎県	107
11	埼玉県	274	27	大阪府	154	43	熊本県	93
12	千葉県	714	28	兵庫県	57	44	大分県	65
13	東京都	282	29	奈良県	162	45	宮崎県	60
14	神奈川県	263	30	和歌山県	309	46	鹿児島県	147
15	新潟県	222	31	鳥取県	17	47	沖縄県	990
16	富山県	99	32	島根県	77		合計	8,453

②保健所設置市 届出住宅数

1	札幌市	1,352	13	広島市	159	25	尼崎市	6
2	仙台市	36	14	川口市	7	26	西宮市	1
3	新潟市	14	15	八王子市	25	27	明石市	0
4	横浜市	177	16	横須賀市	57	28	奈良市	53
5	川崎市	54	17	金沢市	32	29	鳥取市	14
6	相模原市	18	18	豊橋市	3	30	倉敷市	14
7	名古屋市	391	19	一宮市	2	31	高知市	18
8	京都市	575	20	枚方市	13	32	那覇市	372
9	大阪市	1,595	21	八尾市	2	33	町田市	19
10	堺市	33	22	寝屋川市	0	34	藤沢市	63
11	神戸市	73	23	吹田市	9	35	茅ヶ崎市	17
12	岡山市	45	24	姫路市	8	合計		5,257

③特別区 届出住宅数

1	千代田区	23	9	品川区	88	17	北区	214
2	中央区	79	10	目黒区	24	18	荒川区	33
3	港区	440	11	大田区	107	19	板橋区	211
4	新宿区	1,739	12	世田谷区	240	20	練馬区	69
5	文京区	130	13	渋谷区	697	21	足立区	69
6	台東区	488	14	中野区	149	22	葛飾区	161
7	墨田区	769	15	杉並区	212	23	江戸川区	157
8	江東区	25	16	豊島区	870	合計		6,994

'23（令5）年9月15日時点

出典：国土交通省観光庁「住宅宿泊事業法に基づく届出及び登録の状況一覧」
民泊制度ポータルサイト（https://www.mlit.go.jp/kankocho/minpaku/business/host/construction_situation.html）
（出典をもとに（公社）日本観光振興協会にて編集）

ユースホステル

ユースホステルは旅行を通じた青少年の健全な育成に資するために設けられた簡素、清潔、低廉かつ安全な宿泊施設である。

①ユースホステル施設と利用者数の推移

	施設数（軒）		総ベッド数（人）		宿泊者数（千人）	
	国立及び公営	民営	国立及び公営	民営	国立及び公営	民営
'14（平 26）	7	213	542	7,080	60	326
'15（平 27）	7	205	498	7,124	61	347
'16（平 28）	7	203	545	6,774	69	339
'17（平 29）	7	187	677	6,096	74	306
'18（平 30）	6	182	488	7,311	58	282
'19（令 1）	6	169	488	5,645	73	249
'20（令 2）	5	153	426	4,573	16	59
'21（令 3）	5	137	426	4,799	12	55
'22（令 4）	5	132	426	4,700	31	109

資料：（一財）日本ユースホステル協会
注：1 月 31 日から 12 月 31 日まで

②ユースホステル宿泊者の推移

（単位：千人）

	日本人			外国人			合　計		
	公営	民営	計	公営	民営	計	公営	民営	計
'14（平 26）	50	257	307	9	70	79	60	326	386
'15（平 27）	42	265	307	19	82	101	61	347	408
'16（平 28）	51	259	310	18	80	98	69	339	408
'17（平 29）	59	236	295	15	70	85	74	306	380
'18（平 30）	45	221	266	13	61	74	58	282	340
'19（令 1）	61	209	270	12	40	52	73	249	322
'20（令 2）	14	54	68	2	5	7	16	59	75
'21（令 3）	11	55	66	1	0	1	12	55	67
'22（令 4）	29	104	133	2	5	7	31	109	140

資料：（一財）日本ユースホステル協会
注：1 月 31 日から 12 月 31 日まで

都道府県別観光レクリエーション施設数

都道府県＼種別	スポーツ・レクリエーション施設										
	サイクリングコース	ハイキングコース	オリエンテーリング・パーマネントコース	自然歩道・自然研究路	キャンプ場	フィールド・アーチェリー場	ゴルフ場	スキー場	スケート場	海水浴場	マリーナ・ヨットハーバー
北海道	33	43	1	47	224	1	145	26	30	43	5
青森県	3	8	0	9	42	0	15	7	5	23	4
岩手県	6	23	0	26	53	0	23	8	5	14	2
宮城県	3	28	0	36	34	0	34	6	1	13	2
秋田県	2	20	0	17	42	0	15	4	1	16	1
山形県	4	5	1	25	27	0	16	5	2	11	1
福島県	8	38	0	44	68	1	35	15	3	19	2
茨城県	16	25	2	10	23	0	113	0	0	17	5
栃木県	8	28	0	15	46	0	119	4	4	0	0
群馬県	8	62	3	34	46	0	66	17	0	0	0
埼玉県	9	46	0	21	21	0	81	0	0	0	0
千葉県	7	12	0	25	27	0	159	0	2	58	5
東京都	11	23	0	24	28	0	20	0	1	35	0
神奈川県	1	77	0	4	51	3	51	0	4	22	9
新潟県	6	4	0	13	93	0	43	24	1	60	2
富山県	0	12	0	13	28	0	15	8	1	10	2
石川県	6	5	0	28	24	0	25	3	0	21	1
福井県	3	14	0	19	31	0	11	3	0	56	3
山梨県	6	63	0	25	97	1	41	3	3	0	3
長野県	19	79	0	34	135	0	69	66	8	0	7
岐阜県	3	45	0	22	101	0	86	14	2	0	1
静岡県	6	76	0	33	53	0	87	2	0	51	13
愛知県	3	27	3	23	18	1	54	1	2	21	3
三重県	4	20	1	24	52	0	68	1	0	22	4
滋賀県	2	22	1	3	28	0	42	4	0	3	1
京都府	6	44	1	13	38	1	29	0	0	18	3
大阪府	0	4	1	1	3	0	39	0	2	4	1
兵庫県	9	45	0	17	69	0	151	11	3	31	5
奈良県	2	60	0	14	14	0	33	0	0	0	0
和歌山県	3	44	0	12	37	0	21	0	0	19	7
鳥取県	5	11	0	12	21	0	10	2	0	11	0
島根県	2	9	0	19	36	0	8	1	2	27	0
岡山県	3	24	0	17	58	1	40	4	2	10	2
広島県	4	41	3	11	48	1	47	6	2	16	3
山口県	2	53	2	21	52	0	31	0	0	42	4
徳島県	5	20	0	14	29	0	15	0	0	5	4
香川県	9	16	0	10	34	0	19	0	0	23	4
愛媛県	3	11	1	14	47	0	20	0	1	29	2
高知県	2	6	0	20	38	0	12	0	0	11	2
福岡県	11	25	1	31	41	0	57	0	1	20	3
佐賀県	1	10	1	8	14	0	22	0	0	9	0
長崎県	3	15	2	16	41	0	23	0	0	48	10
熊本県	6	18	1	16	51	0	41	0	0	25	7
大分県	10	24	1	18	46	0	22	1	0	22	1
宮崎県	3	18	1	17	37	0	27	0	2	15	0
鹿児島県	6	10	1	25	58	0	29	0	0	45	2
沖縄県	1	2	0	6	16	0	26	0	0	29	6
総計	273	1,315	28	906	2,220	10	2,155	246	90	974	142

資料：（公社）日本観光振興協会「全国観光情報データベース」'23（令5）年10月末現在

種別 都道府県	スポーツ・レクリエーション施設						展示見学施設					その他
	観光農林業	観光牧場	観光漁業	テーマパーク・レジャーランド	公園	フィールド・アスレチック	博物館	美術館	水族館	動・植物園	産業観光施設	道の駅*
北海道	80	34	14	21	361	12	231	44	10	41	62	127
青森県	15	2	5	1	71	0	63	9	1	5	20	28
岩手県	11	6	6	6	64	3	80	12	1	5	35	36
宮城県	19	2	9	6	131	8	78	11	1	7	21	18
秋田県	17	2	6	5	82	3	60	7	1	3	8	33
山形県	46	4	3	3	61	0	57	11	1	3	7	23
福島県	15	6	9	8	105	3	71	20	2	8	13	35
茨城県	23	0	18	4	97	0	46	20	3	9	18	16
栃木県	34	3	21	7	91	3	54	18	3	10	5	25
群馬県	33	8	26	9	72	0	68	19	0	11	9	33
埼玉県	41	1	10	9	106	1	66	16	1	13	19	20
千葉県	101	1	16	21	90	4	52	16	1	16	11	30
東京都	19	1	10	10	208	1	173	48	7	26	18	1
神奈川県	40	1	43	7	142	4	76	36	5	13	14	4
新潟県	50	2	25	8	136	4	127	27	3	15	25	42
富山県	3	2	3	4	49	0	50	21	1	13	14	16
石川県	22	1	3	2	48	3	75	25	1	6	15	26
福井県	16	2	26	4	30	1	41	7	1	5	15	21
山梨県	22	12	26	8	55	1	55	39	1	6	12	21
長野県	35	16	5	10	160	7	222	102	1	29	17	53
岐阜県	37	6	23	7	125	2	141	29	3	10	15	56
静岡県	29	3	24	8	126	2	77	28	4	20	30	25
愛知県	26	3	42	11	118	1	112	26	5	14	27	18
三重県	11	1	18	12	91	2	61	7	3	4	13	18
滋賀県	14	1	10	4	44	2	75	11	1	5	4	20
京都府	47	3	25	6	89	0	111	33	2	11	74	18
大阪府	21	1	6	20	70	1	86	12	1	14	37	10
兵庫県	32	3	21	12	127	3	124	29	4	26	27	35
奈良県	12	2	13	3	47	2	52	9	0	9	7	17
和歌山県	44	1	21	8	50	0	37	9	5	3	3	36
鳥取県	14	2	7	4	44	1	36	11	0	4	8	17
島根県	12	2	8	2	59	0	61	15	2	6	6	29
岡山県	56	7	13	14	113	1	134	51	1	9	30	17
広島県	29	3	22	5	72	5	80	24	1	9	15	21
山口県	67	1	14	6	101	3	92	12	2	11	11	24
徳島県	25	0	12	2	65	0	33	9	1	9	29	18
香川県	5	1	7	3	55	2	37	12	2	3	7	18
愛媛県	17	1	8	1	91	0	53	14	1	5	15	29
高知県	7	2	27	0	50	1	38	10	2	5	8	25
福岡県	22	2	9	2	131	1	72	15	1	9	18	17
佐賀県	13	3	12	4	81	1	36	10	0	3	11	10
長崎県	5	2	5	4	115	1	52	9	3	5	8	11
熊本県	19	6	15	7	125	3	49	11	1	7	13	35
大分県	33	7	7	8	87	2	65	20	2	9	16	26
宮崎県	13	3	2	7	54	0	34	4	3	7	10	19
鹿児島県	50	3	7	7	128	0	63	12	3	9	37	22
沖縄県	0	3	8	7	39	2	33	2	2	10	13	10
総計	1,302	178	670	327	4,456	96	3,589	942	100	480	850	1,209

資料：(公社) 日本観光振興協会「全国観光情報データベース」'23 (令5) 年10月末現在
＊国土交通省「『道の駅』一覧」'23 (令5) 年8月4日現在

3

主要なテーマパーク等の入場者数

'21（令3）年度（原則的に4月～3月）

順位	名称	入場者数（人）	備考
1	東京ディズニーランド&東京ディズニーシー	12,054,000	
2	ナガシマリゾート	10,620,000	「ジャズドリーム長島」含む
3	刈谷ハイウェイオアシス	6,351,000	
4	淀川河川公園	3,871,052	
5	おかげ横丁	2,500,000	1～12月
6	ＪＡあぐりタウン　元気の郷	2,219,000	
7	よこはまコスモワールド	2,200,000	5月～4月
8	国営昭和記念公園	1,859,158	4月1日～3月27日
9	ラグーナテンボス	1,830,000	
10	名古屋市東山動植物園	1,806,059	
11	よみうりランド	1,470,000	
12	新潟ふるさと村	1,423,779	
13	豊田市鞍ケ池公園	1,412,300	
14	国営ひたち海浜公園	1,398,952	
15	国営木曽三川公園 138タワーパーク	1,359,130	
16	国立新美術館	1,350,683	
17	名古屋港水族館	1,316,628	
18	浜名湖ガーデンパーク	1,310,358	
19	刈谷市交通児童遊園	1,285,964	乗物券購入者数
20	新江ノ島水族館	1,277,365	

資料：綜合ユニコム（株）「レジャーランド&レクパーク総覧2023」

4. 旅行業

旅行業者数の推移

	第１種旅行業者	第２種旅行業者	第３種旅行業者	地域限定旅行業者	旅行業者代理業者	計
'19（令 1）	691	3,022	5,803	267	675	10,458
'20（令 2）	686	3,043	5,692	369	620	10,410
'21（令 3）	670	3,036	5,451	453	564	10,174
'22（令 4）	631	3,035	5,254	534	537	9,991
'23（令 5）	627	3,054	5,143	623	511	9,958

注：各年４月１日現在（2019年は５月１日現在）
第１種旅行業務…海外を含むパック旅行及び乗車船券等の販売等
第２種旅行業務…国内のみのパック旅行及び乗車船券等の販売等
第３種旅行業務…営業所所在の市町村及びこれに隣接する市町村等を旅行範囲とするパック旅行及び乗車船券等の販売等
地域限定旅行業務…営業所所在の市町村及びこれに隣接する市町村等を旅行範囲とするパック旅行及び同区域の乗車船券等の販売等（平成25年４月１日新設）
資料：国土交通省観光庁観光産業課

旅行業者（第１種旅行業者を除く）等の県別分布

都道府県	第２種旅行業者	第３種旅行業者	地域限定旅行業者	旅行業者代理業者	都道府県	第２種旅行業者	第３種旅行業者	地域限定旅行業者	旅行業者代理業者
北海道	120	154	35	24	滋　賀	29	58	12	7
青　森	30	18	12	3	京　都	70	148	37	9
岩　手	30	25	7	9	大　阪	186	455	9	39
宮　城	42	66	5	6	兵　庫	66	160	16	17
福　島	65	51	16	6	奈　良	23	47	10	5
秋　田	18	19	9	2	和歌山	36	29	9	6
山　形	42	19	10	8	鳥　取	15	11	10	3
新　潟	58	61	22	7	島　根	18	21	8	4
長　野	113	76	44	11	岡　山	52	66	6	8
富　山	45	48	7	6	広　島	61	83	20	13
石　川	35	53	8	7	山　口	19	14	6	2
茨　城	91	94	5	6	徳　島	23	22	3	1
栃　木	60	84	11	2	香　川	33	27	10	5
群　馬	60	72	8	12	愛　媛	44	24	6	8
埼　玉	136	215	11	9	高　知	16	24	8	3
千　葉	92	223	16	9	福　岡	68	207	17	31
東　京	572	1,395	34	100	佐　賀	14	18	5	1
神奈川	100	208	18	22	長　崎	23	32	16	6
山　梨	29	58	11	6	熊　本	46	46	5	9
福　井	34	50	9	1	大　分	33	16	12	8
岐　阜	44	70	10	7	宮　崎	27	21	7	4
静　岡	74	128	15	16	鹿児島	40	44	20	4
愛　知	130	245	5	24	沖　縄	55	71	31	6
三　重	37	67	12	9	計	3,054	5,143	623	511

資料：国土交通省観光庁観光産業課　　'23（令５）年４月１日現在

主要旅行業者旅行取扱状況

令和 4 年度主要旅行業者旅行取扱状況年度総計

区分	取扱額（千円）	前年度取扱額(千円)	前年度比（%）
海外旅行	454,589,038	73,228,193	620.8
外国人旅行（*）	65,754,247	48,814,924	134.7
国内旅行	2,389,850,082	1,335,313,744	179.0
合計	2,910,193,366	1,457,356,861	199.7

令和 3 年度主要旅行業者旅行取扱状況年度総計

区分	取扱額（千円）	前年度取扱額(千円)	前年度比（%）
海外旅行	73,304,351	40,555,967	180.7
外国人旅行（*）	48,758,142	9,065,543	537.8
国内旅行	1,274,711,697	942,616,143	135.2
合計	1,396,774,190	992,237,653	140.8

令和 2 年度主要旅行業者旅行取扱状況年度総計

区分	取扱額（千円）	前年度取扱額(千円)	前年度比（%）
海外旅行	42,495,926	1,826,181,581	2.3
外国人旅行（*）	9,099,145	226,101,576	4.0
国内旅行	948,138,715	2,566,074,287	36.9
合計	999,733,785	4,618,357,444	21.6

令和元年度主要旅行業者旅行取扱状況年度総計

区分	取扱額（千円）	前年度取扱額(千円)	前年度比（%）
海外旅行	1,510,888,911	1,679,499,665	90.0
外国人旅行（*）	199,619,981	190,269,801	104.9
国内旅行	2,580,792,669	2,814,421,015	91.7
合計	4,291,301,561	4,684,190,481	91.6

平成 30 年度主要旅行業者旅行取扱状況年度総計

区分	取扱額（千円）	前年度取扱額(千円)	前年度比（%）
海外旅行	2,121,453,478	2,020,982,174	105.0
外国人旅行（*）	241,407,128	213,768,405	112.9
国内旅行	2,861,781,045	2,907,677,340	98.4
合計	5,224,641,650	5,142,427,919	101.6

平成 29 年度主要旅行業者旅行取扱状況年度総計

区分	取扱額（千円）	前年度取扱額(千円)	前年度比（%）
海外旅行	2,065,305,780	1,936,178,597	106.7
外国人旅行（*）	224,083,012	199,819,632	112.1
国内旅行	3,419,084,260	3,403,859,260	100.4
合計	5,708,473,052	5,539,857,495	103.0

*日本の旅行会社によるインバウンド旅行の取扱い
資料：国土交通省観光庁「主要旅行業者旅行取扱状況年度総計」

5. 輸送

輸送機関別国内旅客輸送量の推移

（単位：百万人）

年＼区分		鉄道						航空	フェリー
			JR			民　鉄			
				定期外（内数）	新幹線（内数）		定期外（内数）		
輸送人員	'15（平27）	24,158	9,266	3,620 (2.4)	363 (7.1)	14,892	6,623 (2.7)	96 (1.4)	2.3 (7.6)
	'16（平28）	24,550	9,388	3,653 (0.9)	370 (1.8)	15,162	6,729 (1.6)	97 (1.4)	2.3 (0.7)
	'17（平29）	24,892	9,467	3,705 (1.4)	377 (2.0)	15,425	6,819 (1.3)	102 (4.7)	2.4 (2.9)
	'18（平30）	25,188	9,533	3,727 (0.6)	384 (1.8)	15,655	6,888 (1.0)	103 (1.3)	2.4 (△ 2.3)
	'19（令1）	25,607	9,642	3,776 (1.3)	389 (1.3)	15,965	6,977 (1.3)	107 (3.6)	2.5 (6.2)
	'20（令2）	19,076	7,265	2,330 (△ 38.3)	192 (△ 50.5)	11,811	4,690 (△ 32.8)	47 (△ 56.2)	1.2 (△ 50.5)
	'21（令3）	18,559	6,967	2,406 (3.2)	184 (△ 4.3)	11,589	4,854 (3.5)	44 (△ 6.0)	1.3 (5.8)
	'22（令4）	20,411	7,648	2,929 (21.7)	266 (44.6)	12,763	5,638 (16.2)	80 (81.8)	1.9 (46.6)

注：1　国土交通省「国土交通月例経済」に基づき観光庁作成、令和2～4年は（公社）日本観光振興協会作成
注：2　（　）の数値は前年比伸び率を、△は減少を示す
注：3　フェリーは長距離の輸送人員を示す
出典：国土交通省観光庁「観光白書」（平成27～令和元年）
　　　国土交通省「国土交通月例経済」（令和2～4年）

JR 6 社の概況

	資本金（億円）	従業員数（人）	営業キロ（km）	総駅数（駅）	車両数（両）
JR 北海道	90	6,084	2,336.6	334	973
JR 東日本	2,000	46,051	7,401.2	1,681	12,375
JR 東海	1,120	18,723	1,970.8	405	4,915
JR 西日本	2,261	21,727	4,903.1	1,174	6,485
JR 四国	35	2,025	853.7	259	414
JR 九州	160	7,311	2,342.6	595	1,515

資料：各社ホームページ

主要私鉄の概況

		京王	東急	小田急	京急	西武	東武	京成	東京メトロ
資本金(百万円)		59,023	100	60,359	43,738	56,665	102,135	36,803	58,100
従業員数(人)		2,449	3,654	3,758	2,926	3,729	3,470	1,819	9,880
鉄軌道事業	営業キロ(km)	84.7	104.9	120.5	87.0	176.6	463.3	152.3	195.0
	駅数（駅）	69	97	70	73	92	205	69	180
	車両数(両)	873	1,287	1,086	798	1,267	1,881	620	2,736
		相鉄	名鉄	近鉄	阪急	京阪	南海	阪神	西鉄
資本金(百万円)		100	101,158	100	100	100	72,983	29,384	26,157
従業員数(人)		1,072	5,136	6,896	3,085	1,359	2,601	1,333	4,600
鉄軌道事業	営業キロ(km)	38.0	444.2	501.1	143.6	91.1	153.5	48.9	106.1
	駅数（駅）	26	275	286	90	89	98	51	72
	車両数(両)	402	1,074	1,914	1,283	706	696	358	311

資料：（一社）日本民営鉄道協会「大手民鉄の現況（2021年度）」　　2022年3月31日現在

国内線旅客輸送実績の推移（会社別）

年 航空会社名	旅客数（千人）					人キロ（百万キロ）				
	30	1	2	3	4	30	1	2	3	4
日本航空	30,694	29,702	10,440	14,653	27,259	27,779	26,855	9,516	13,416	24,938
全日本空輸	44,437	43,034	12,709	17,993	34,522	40,729	39,528	11,576	16,385	32,194
日本トランスオーシャン航空	2,906	2,918	1,261	1,220	2,206	2,734	2,796	1,191	1,106	1,964
スカイマーク	7,385	7,569	2,963	4,168	7,022	7,766	7,902	3,063	4,339	7,450
AIRDO	2,130	2,038	580	1,162	2,041	2,004	1,913	548	1,091	1,942
ソラシドエア（旧スカイネットアジア航空）	1,892	1,796	660	1,123	1,927	1,990	1,885	691	1,274	2,142
スターフライヤー	1,597	1,534	458	677	1,168	1,536	1,471	430	646	1,111
Peach・Aviation	3,266	3,985	2,069	4,276	7,503	3,099	4,031	2,394	4,862	8,487
ジェットスター・ジャパン	4,771	5,274	1,452	2,920	4,337	4,922	5,396	1,557	3,050	4,552
バニラ・エア	1,515	487	−	−	−	1,677	532	−	−	−
スプリング・ジャパン	410	562	64	84	440	394	535	60	79	398
エアアジア・ジャパン	262	377	−	−	−	284	370	−	−	−
合計	101,989 (101.6)	99,911 (98.0)	33,037 (33.1)	48,276 (147.8)	88,425 (183.2)	95,151 (101.8)	93,416 (98.2)	31,150 (33.3)	46,248 (149.0)	85,178 (184.2)

注：1　国土交通省「航空輸送サービスに係る情報公開」により作成
　　2　（　）内は、対前年度比（%）
　　3　単位以下は四捨五入
　　4　チャーター便による実績を除く
　　5　コードシェアを実施している場合は、自社販売分の合計
　　6　日本航空には、日本航空、日本エアコミューター、ジェイエア、北海道エアシステム、日本トランスオーシャン航空（羽田路線のみ）を含む
　　7　全日本空輸には、全日本空輸、ANA ウイングスを含む
　　8　エアアジア・ジャパンは、平成29年10月より運行を開始
　　9　バニラ・エアは、令和元年9月をもって運航を終了
出典：（一財）航空振興財団「数字でみる航空 2023」

6. 国民生活と余暇

今後の生活の力点（推移）

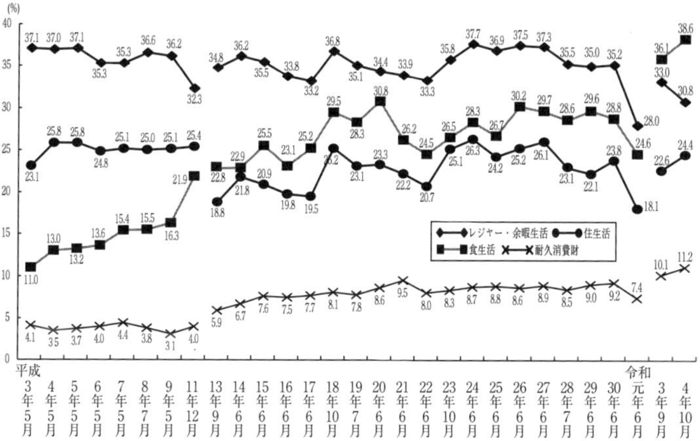

注：1　内閣府大臣官房政府広報室「国民生活に関する世論調査」に基づき観光庁作成
　　　令和元，3，4年は（公社）日本観光振興協会作成
　　2　耐久消費財とは、自動車・電気製品・家具などの耐久消費財
　　3　平成11年以前は単数回答、平成13年以降は複数回答で訊いているため、以前の調査結果と直接比較できない
　　4　平成27年以前は20歳以上の者を対象として実施、平成28年以降は18歳以上の者を対象として実施
　　5　令和2年調査中止
　　6　令和3，4年は調査手法が異なるため、以前の調査結果と直接比較できない

出典：国土交通省観光庁「観光白書」令和元年版（平成3年～30年）
　　　内閣府大臣官房政府広報室「国民生活に関する世論調査」（令和元，3，4年）

月間平均実労働時間数

（単位：時間）

年	全産業		製造業	
	総労働時間	所定外労働時間	総労働時間	所定外労働時間
'13（平 25）	145.5	10.6	162.4	15.0
'14（平 26）	145.1	11.0	163.2	15.9
'15（平 27）	144.5	11.0	163.2	16.0
'16（平 28）	143.7	10.8	162.8	15.7
'17（平 29）	143.4	10.9	163.6	16.2
'18（平 30）	142.2	10.8	163.4	16.4
'19（令 1）	139.1	10.6	159.7	15.0
'20（令 2）	135.1	9.2	153.2	11.9
'21（令 3）	136.1	9.7	155.9	13.6
'22（令 4）	136.1	10.1	156.6	14.4

注：事業所規模 5 人以上
資料：厚生労働省「毎月勤労統計調査全国調査」

週所定労働時間企業規模別企業数割合

（単位：%、時間：分）

企業規模	40 時間以下	40 時間を超				1 企業平均週所定労働時間
		計	40：01～42：00	42：01～44：00	44：01以上	
計	96.4	3.5	1.7	0.7	1.1	39：28
1,000 人以上	98.5	1.5	0.8	0.0	0.7	39：03
300～999 人	97.5	2.5	1.7	0.6	0.1	39：13
100～299 人	98.2	1.8	0.5	0.3	1.1	39：18
30～ 99 人(※)	95.7	4.1	2.0	0.9	1.2	39：33

注：「企業平均週所定労働時間」は、企業において最も多くの労働者が適用される週所定労働時間を平均したものである。
※：週所定労働時間 40 時間超の時間数が不明な企業がある為、合計値が 100 にはならない。
資料：厚生労働省「令和 4 年　就労条件総合調査」

何らかの週休２日制及び完全週休２日制の普及状況

（単位：％）

年		'17（平 29）	'18（平 30）	'19（令 1）	'20（令 2）	'21（令 3）	'22（令 4）
企業数割合	何らかの	87.2	84.1	82.2	82.5	83.5	83.5
	完全	46.9	46.7	44.3	44.9	48.4	48.7
適用労働者数割合	何らかの	87.5	86.5	85.3	85.9	84.8	86.7
	完全	58.4	59.4	57.0	58.0	60.7	59.8

資料：厚生労働省「令和４年　就労条件総合調査」

主な週休制の形態別普及状況

（単位：％）

企業規模	全企業	週休１日制又は１日半制	何らかの週休２日制	完全週休２日制より休日日数が実質的に少ない制度	完全週休２日制	完全週休２日制より休日日数が実質的に多い制度
企業数の割合						
計	100.0	7.8	83.5	34.8	48.7	8.6
1,000 人以上	100.0	2.6	86.2	20.4	65.8	11.2
300～999 人	100.0	2.6	88.5	27.3	61.2	8.9
100～299 人	100.0	4.5	85.5	37.3	48.2	10.0
30～ 99 人	100.0	9.5	82.3	35.2	47.1	8.0
労働者数の割合						
計	100.0	3.2	86.7	26.9	59.8	10.1
1,000 人以上	100.0	0.9	89.3	15.2	74.1	9.8
300～999 人	100.0	1.7	87.5	24.8	62.6	10.8
100～299 人	100.0	3.6	85.8	39.1	46.7	10.6
30～ 99 人	100.0	7.8	82.6	35.2	47.4	9.6

注：1　企業割合は、１企業に２以上の週休制がある場合は、企業において最も多くの労働者が適用される週休制とした
　　2　「完全週休２日制より休日日数が実質的に少ない制度」とは、月３回、隔週、月２回、月１回の週休２日制などをいう
　　3　「完全週休２日制より休日日数が実質的に多い制度」とは、月１回以上週休３日制、３勤３休、３勤４休などをいう

資料：厚生労働省「令和４年　就労条件総合調査」

労働者１人平均年次有給休暇の付与日数、取得日数及び取得率

	合計			企業規模 1,000 人以上			300～999 人			100～299 人			30～99 人		
	付与日数（日）	取得日数（日）	取得率（%）	付与日数（日）	取得日数（日）	取得率（%）	付与日数（日）	取得日数（日）	取得率（%）	付与日数（日）	取得日数（日）	取得率（%）	付与日数（日）	取得日数（日）	取得率（%）
平 30	18.2	9.3	51.1	19.1	11.2	58.4	18.0	8.6	47.6	17.7	8.4	47.6	17.5	7.7	44.3
令 1	18.0	9.4	52.4	18.6	10.9	58.6	18.0	9.0	49.8	17.7	8.7	49.4	17.3	8.2	47.2
令 2	18.0	10.1	56.3	18.9	11.9	63.1	17.9	9.5	53.1	17.6	9.2	52.3	17.0	8.7	51.1
令 3	17.9	10.1	56.6	18.7	11.3	60.8	17.7	9.9	56.3	17.6	9.7	55.2	17.3	8.8	51.2
令 4	17.6	10.3	58.3	18.5	11.7	63.2	17.8	10.2	57.5	17.1	9.5	55.3	16.7	8.9	53.5

注：1　「付与日数」には、繰越日数を含まない
　　2　「取得日数」は、１年間に実際に取得した日数である
　　3　「取得率」は、取得日数計／付与日数計×100（％）である

資料：厚生労働省「令和４年　就労条件総合調査」

労働者１人平均年間総実労働時間の推移

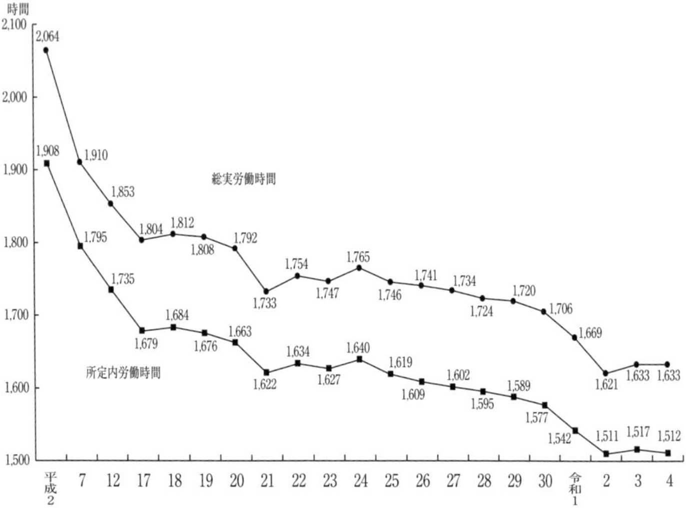

注：1　総実労働時間は所定内労働時間に所定外労働時間を加えたものである。このうち所定内労働時間は事業所の労働協約、就業規則等で定められた正規の始業時刻と終業時刻の間の実労働時間数のことであり、所定外労働時間は早出、残業、臨時の呼出、休日出勤等の実労働時間数のことである。

2　年間の労働時間は１ヶ月当たりの労働時間を 12 倍し、小数点以下第１位を四捨五入したものである。

資料：厚生労働省「毎月勤労統計調査」

余暇活動の参加人口

'22（令和 4）年

順位	余暇活動種目	参加人口（万人）	参加率（%）	1回当たり費用（円）
1	国内観光旅行（避暑、避寒、温泉など）	4,080	42.8	26,540
2	動画鑑賞（レンタル、配信を含む）	3,660	38.4	190
3	読書（仕事、勉強などを除く娯楽としての）	3,490	36.6	270
4	外食（日常的なものは除く）	3,410	35.8	3,460
5	ドライブ	3,300	34.6	1,580
6	音楽鑑賞（配信、CD、レコード、テープ、FM など）	3,260	34.2	190
7	ウォーキング	3,000	31.5	80
8	映画（テレビは除く）	2,930	30.7	680
9	複合ショッピングセンター、アウトレットモール	2,590	27.2	1,870
10	SNS、ツイッターなどのデジタルコミュニケーション	2,360	24.7	60
11	ウィンドウショッピング（見て歩きなど娯楽としての）	2,310	24.2	530
12	動物園、植物園、水族館、博物館	2,260	23.7	2,890
13	園芸、庭いじり	2,250	23.6	380
14	体操（器具を使わないもの）	2,040	21.4	110
15	テレビゲーム（家庭での）	2,020	21.2	300
16	温浴施設（健康ランド、クアハウス、スーパー銭湯等）	1,970	20.7	1,340
17	宝くじ	1,850	19.4	1,610
18	ジョギング、マラソン	1,760	18.5	320
19	トランプ・オセロ・カルタ・花札など	1,690	17.7	500
20	カラオケ	1,640	17.2	1,680

資料：（公財）日本生産性本部「レジャー白書 2023」

余暇活動の参加希望率　上位 10 種目

全体（単位：%）

順位	種目	2022
1	国内観光旅行（避暑、避寒、温泉など）	42.8
2	動画鑑賞（レンタル、配信を含む）	38.4
3	読書（仕事、勉強などを除く娯楽としての）	36.6
4	外食（日常的なものは除く）	35.8
5	ドライブ	34.6
6	音楽鑑賞（配信、CD、レコード、テープ、FM など）	34.2
7	ウォーキング	31.5
8	映画（テレビは除く）	30.7
9	複合ショッピングセンター、アウトレットモール	27.2
10	SNS、ツイッターなどのデジタルコミュニケーション	24.7

男性（単位：%）

順位	種目	2022
1	動画鑑賞（レンタル、配信を含む）	40.1
2	国内観光旅行（避暑、避寒、温泉など）	40.0
3	読書（仕事、勉強などを除く娯楽としての）	35.9
4	ドライブ	34.8
5	音楽鑑賞（配信、CD、レコード、テープ、FM など）	34.5
6	外食（日常的なものは除く）	33.9
7	ウォーキング	33.1
8	映画（テレビは除く）	28.9
9	ジョギング、マラソン	24.8
9	テレビゲーム（家庭での）	24.8

女性（単位：%）

順位	種目	2022
1	国内観光旅行（避暑、避寒、温泉など）	45.4
2	外食（日常的なものは除く）	37.6
3	読書（仕事、勉強などを除く娯楽としての）	37.2
4	動画鑑賞（レンタル、配信を含む）	36.7
5	ドライブ	34.4
6	音楽鑑賞（配信、CD、レコード、テープ、FM など）	33.9
7	映画（テレビは除く）	32.5
8	ウィンドウショッピング（見て歩きなど娯楽としての）	31.7
9	複合ショッピングセンター、アウトレットモール	31.4
10	ウォーキング	30.0

資料：（公財）日本生産性本部「レジャー白書 2023」

余暇市場の概要

（単位：億円、%）

	平成 30 年	令和元年	令和 2 年	令和 3 年	令和 4 年	伸び率（%）		対 19 年
	2018	2019	2020	2021	2022	'21/20	'22/21	'22/19
スポーツ部門	41,270	41,860	35,190	38,940	41,980	10.7	7.8	100.3
趣味・創作部門	75,170	75,360	68,190	70,050	74,270	2.7	6.0	98.6
娯楽部門	489,890	490,410	383,610	383,270	426,410	▲ 0.1	11.3	86.9
観光・行楽部門	112,780	115,440	65,050	65,340	85,570	0.4	31.0	74.1
余暇市場	719,110	723,070	552,040	557,600	628,230	1.0	12.7	86.9
対国内総生産（支出側）	12.9	13.0	10.2	10.2	11.3	▲ 0.9	▲ 20.7	−
対民間最終消費支出（名目）	23.6	23.8	19.0	19.0	20.4	0.1	▲ 19.1	−
国内総生産（支出側）	5,566,301	5,579,108	5,390,824	5,494,531	5,565,525	1.9	1.3	99.8
民間最終消費支出（名目）	3,048,923	3,043,659	2,911,490	2,939,849	3,084,478	1.0	4.9	101.3

資料：（公財）日本生産性本部「レジャー白書 2023」
注 1：「国内総生産（支出側、名目）」「民間最終消費支出（名目）」は、内閣府「国民経済計算（GDP 統計）」における 2023 年 6 月 8 日公表の暦年の数字

7. 世界の観光

国際観光客到着数及び国際観光収入（総数）

年	観光客数（千人）	観光収入（百万ドル）
'19（令 1）	1,465,458	1,494,166
'20（令 2）	406,889	559,270
'21（令 3）	455,773	638,359
'22（令 4）	962,801	1,031,366

注：2023 年 6 月現在（暫定値）
資料：世界観光機関（UNWTO）「International Tourism Highlights, 2023 Edition – The Impact of COVID-19 on Tourism（2020–2022）」をもとに日本観光振興協会にて作成

地域別国際観光客到着数及び国際観光収入

（単位：上段（人数）：千人、下段（収入）：百万ドル）

地域＼区分＼年	'19（令 1）		'22（令 4）	
	観光客到着数 観光収入	構成比	観光客到着数 観光収入	構成比
ヨーロッパ	743,911	50.8	594,533 （△ 20.1）	61.8
	584,312	39.1	548,612 （△ 13.1）	53.2
アジア・太平洋	360,148	24.6	100,520 （△ 72.1）	10.4
	441,173	29.5	131,397 （△ 72.4）	12.7
米州	219,321	15.0	155,606 （△ 29.1）	16.2
	330,573	22.1	243,905 （△ 31.7）	23.6
アフリカ	69,059	4.7	46,530 （△ 32.6）	4.8
	38,890	2.6	31,581 （△ 24.8）	3.1
中東	73,019	5.0	65,613 （△ 10.1）	6.8
	99,218	6.6	75,872 （△ 29.2）	7.4
計	1,465,458	100.0	962,801 （△ 34.3）	100.0
	1,494,166	100.0	1,031,366 （△ 36.1）	100.0

注：1　2023 年 6 月現在（暫定値）による
　　2　（　）内は、対 2019 年増減率（%）を示す
　　3　観光収入の対 2019 年増減率は、現地通貨額・基準年価格に基づいた実質ベース
　　4　△は減少を示す
　　5　端数処理のため地域別の数字と合計は一致しないことがある
資料：世界観光機関（UNWTO）「International Tourism Highlights, 2023 Edition – The Impact of COVID-19 on Tourism（2020–2022）」をもとに日本観光振興協会にて作成

7

国際観光収入ランキング　(2021 年（令和 3 年))

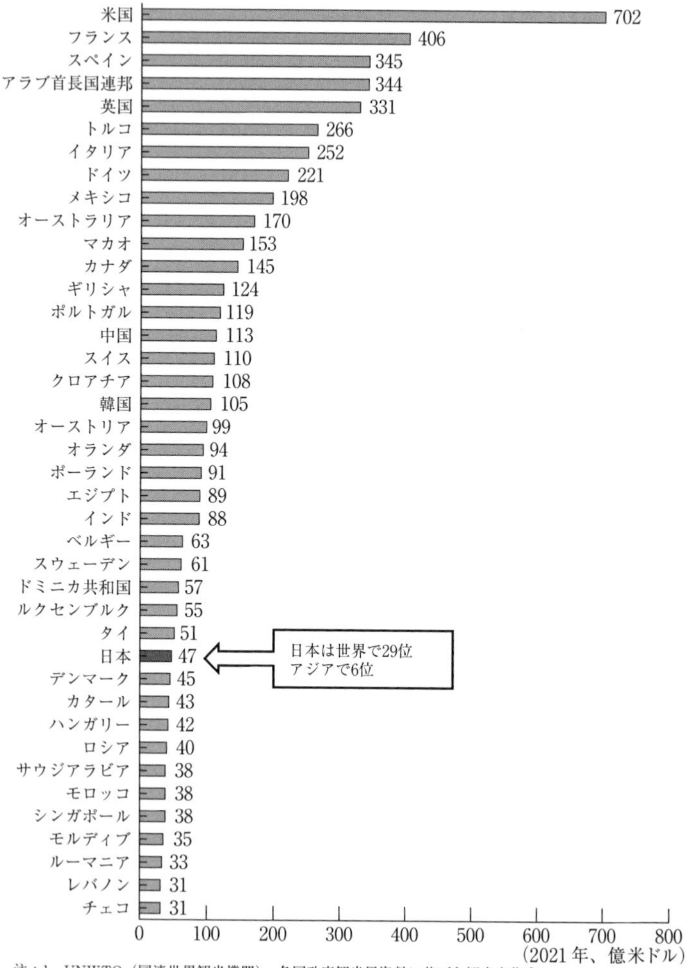

米国 702
フランス 406
スペイン 345
アラブ首長国連邦 344
英国 331
トルコ 266
イタリア 252
ドイツ 221
メキシコ 198
オーストラリア 170
マカオ 153
カナダ 145
ギリシャ 124
ポルトガル 119
中国 113
スイス 110
クロアチア 108
韓国 105
オーストリア 99
オランダ 94
ポーランド 91
エジプト 89
インド 88
ベルギー 63
スウェーデン 61
ドミニカ共和国 57
ルクセンブルク 55
タイ 51
日本 47
デンマーク 45
カタール 43
ハンガリー 42
ロシア 40
サウジアラビア 38
モロッコ 38
シンガポール 38
モルディブ 35
ルーマニア 33
レバノン 31
チェコ 31
日本は世界で29位
アジアで6位
0
100
200
300
400
500
600
700
800
(2021 年、億米ドル)

注：1　UNWTO（国連世界観光機関)、各国政府観光局資料に基づき観光庁作成。
2　本表の数値は 2023 年（令和 5 年）1 月時点の暫定値である。
3　本表の国際観光収入には、国際旅客運賃が含まれていない。
4　国際観光収入は、数値が追って新たに発表されることや、遡って更新されることがある。
また、国際観光収入を米ドルに換算する際、その時ごとに為替レートの影響を受け、数値が変動する。そのため、数値の採用時期によって、そのつど順位が変わり得る。

出典：国土交通省観光庁「観光白書」令和 5 年版

国際観光支出ランキング　(2021 年（令和 3 年))

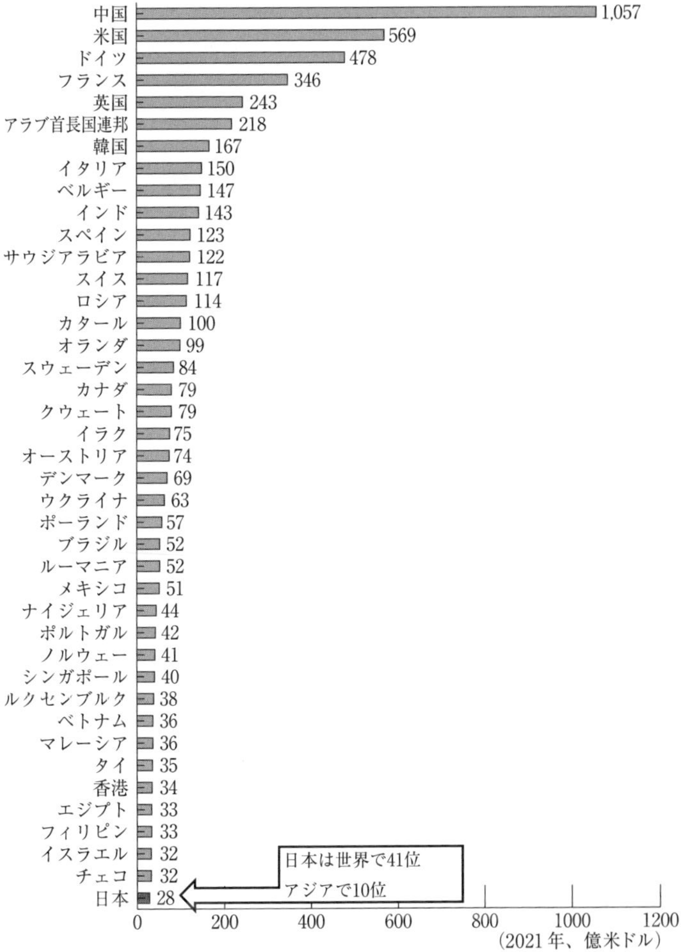
中国 1,057
米国 569
ドイツ 478
フランス 346
英国 243
アラブ首長国連邦 218
韓国 167
イタリア 150
ベルギー 147
インド 143
スペイン 123
サウジアラビア 122
スイス 117
ロシア 114
カタール 100
オランダ 99
スウェーデン 84
カナダ 79
クウェート 79
イラク 75
オーストリア 74
デンマーク 69
ウクライナ 63
ポーランド 57
ブラジル 52
ルーマニア 52
メキシコ 51
ナイジェリア 44
ポルトガル 42
ノルウェー 41
シンガポール 40
ルクセンブルク 38
ベトナム 36
マレーシア 36
タイ 35
香港 34
エジプト 33
フィリピン 33
イスラエル 32
チェコ 32
日本 28
日本は世界で41位
アジアで10位
0
200
400
600
800
1000
1200
(2021 年、億米ドル)

注：1　UNWTO（国連世界観光機関)、各国政府観光局資料に基づき観光庁作成。
　　2　本表の数値は 2023 年（令和 5 年）1 月時点の暫定値である。
　　3　本表の国際観光収入には、国際旅客運賃が含まれていない。
　　4　国際観光支出は、数値が追って新たに発表されることや、遡って更新されることがある。
　　　また、国際観光収入を米ドルに換算する際、その時ごとに為替レートの影響を受け、数値が変動する。そのため、数値の採用時期によって、そのつど順位が変わり得る。

出典：国土交通省観光庁「観光白書」令和 5 年版

国際コンベンションの国別開催件数

（単位：件）

国　　名	'17（平29）		'18（平30）		'19（令1）		'20（令2）		'21（令3）	
アメリカ	(5)	575	(4)	616	(4)	750	(2)	438	(1)	512
韓　　国	(1)	1297	(2)	890	(2)	1,113	(4)	256	(2)	473
日　　本	(6)	523	(5)	597	(5)	719	(5)	225	(3)	408
ベルギー	(3)	810	(3)	857	(3)	1,094	(3)	338	(4)	385
フランス	(8)	422	(7)	465	(6)	665	(8)	141	(5)	273
イギリス	(11)	307	(9)	333	(8)	418	(6)	186	(6)	232
全　　体	10,354		11,035		13,144		4,211		5,761	

注：（　）内の数値は当該年次の順位
資料：国際団体連合（UIA）資料に基づき、日本政府観光局（JNTO）が作成
https://mice.jnto.go.jp
出典：日本政府観光局（JNTO）「2021 年国際会議統計」

国際コンベンションの都市別開催件数

（単位：件）

都市名	'17（平29）		'18（平30）		'19（令1）		'20（令2）		'21（令3）	
ブリュッセル	(2)	763	(2)	734	(2)	963	(2)	290	(1)	319
ソウル	(3)	688	(3)	439	(3)	609	(3)	150	(2)	265
東　　京	(5)	269	(5)	325	(6)	305	(4)	122	(3)	258
ウィーン	(4)	515	(4)	404	(5)	325	(5)	109	(4)	195
パ　　リ	(6)	268	(6)	260	(4)	405	(8)	61	(5)	153
シンガポール	(1)	877	(1)	1,238	(1)	1,205	(1)	780	(6)	134
ロンドン	(11)	166	(8)	186	(8)	217	(6)	101	(7)	101
リスボン	(16)	135	(10)	146	(10)	204	(28)	20	(8)	94
全　　体	10,354		11,035		13,144		4,211		5,761	

注：1　数値は全て発表年のもの
　　2　（　）内の数値は当該年次の順位
資料：国際団体連合（UIA）資料に基づき、日本政府観光局（JNTO）が作成
https://mice.jnto.go.jp
出典：日本政府観光局（JNTO）「2021 年国際会議統計」
UIA 統計基準：
1. 国際機関・国際団体の本部が主催又は後援した会議※
①参加国数 3 ヵ国以上、②開催期間 1 日以上
2. 国内団体もしくは国際団体支部等が主催した会議
①参加人数 300 人以上、②参加国数 5 ヵ国以上で最低 40% が国外参加者、③開催期間 3 日以上
※主催者が「国際機関・国際団体」でないと判断された場合でも、会議名・展示会併設の有無・事務局の有無等の情報を総合的に勘案し、1. に該当する会議とみなされる場合もある

8. 日本の国際観光の動向

我が国の国際観光旅行収支の推移

（単位：億円）

区分＼年		'18（平30）	'19（令1）	'20（令2）	'21（令3）	'22（令4）
国際観光収支（旅客輸送を含まない）	受取	46,484	50,204	11,425	5,336	12,147
	支払	22,324	23,181	5,873	3,108	4,820
	収支	24,160	27,023	5,552	2,227	7,327
国際観光収支（旅客輸送を含む）	受取	49,995	53,643	12,287	5,878	14,450
	支払	31,046	31,755	7,299	3,609	6,754
	収支	18,949	21,889	4,988	2,269	7,696
貿易収支	受取	812,263	757,753	672,629	823,526	987,688
	支払	800,998	756,250	644,851	805,903	1,145,124
	収支	11,265	1,503	27,779	17,623	△ 157,436

注：1　財務省資料に基づき観光庁作成
　　2　「国際観光収支」は、以下の定義に基づき観光庁で集計したものである。
　　　「国際観光収支（旅客輸送を含まない）」は国際収支統計の旅行収支をいい、「国際観光収支（旅客輸送を含む）」は上記の旅行収支に輸送収支のうち旅客輸送に係るサービスの収支を合算したものである。

出典：国土交通省観光庁「観光白書」令和５年版

旅行者１人当たりの消費額（航空運賃を除く）

（単位：千円）

	'18（平30）	'19（令1）	'20（令2）	'21（令3）	'22（令4）
訪日外客*1	149	157	278	2,170	317
日本人海外*2	118	115	185	607	174

注：1　国際観光収支（旅客輸送を含まない）の「受取」÷訪日外客数
　　2　国際観光収支（旅客輸送を含まない）の「支払」÷日本人海外旅行者数

資料：国土交通省観光庁「観光白書」令和５年版、日本政府観光局（JNTO）資料、法務省「令和４年における外国人入国者数及び日本人出国者数等について」をもとに（公社）日本観光振興協会にて作成

旅行収支と主要品目の輸出入額

○輸入

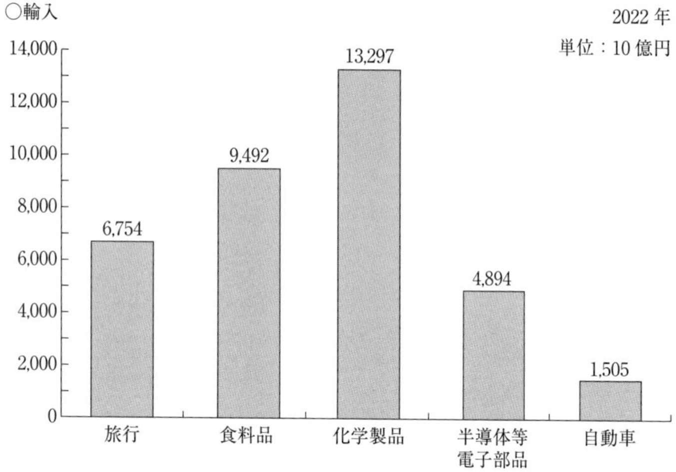
2022年
単位：10億円
14,000
12,000
10,000
8,000
6,000
4,000
2,000
0
6,754
9,492
13,297
4,894
1,505
旅行
食料品
化学製品
半導体等電子部品
自動車

○輸出

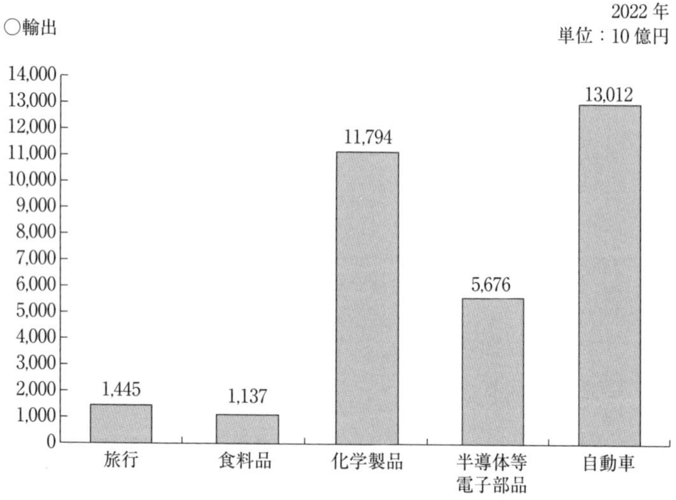
2022年
単位：10億円
14,000
13,000
12,000
11,000
10,000
9,000
8,000
7,000
6,000
5,000
4,000
3,000
2,000
1,000
0
1,445
1,137
11,794
5,676
13,012
旅行
食料品
化学製品
半導体等電子部品
自動車

資料：日本銀行「国際収支統計」、財務省「貿易統計」（確々報値）

旅行マーケットの構造

旅行費用の負担者別に見るシェア（2021 年）（%）

費用負担者	市場区分	国内旅行	海外旅行
個人負担	個人で実施する観光旅行 帰省や家事のための旅行 組織が募集する団体旅行	83.9	−
法人負担	出張や業務旅行 会社がらみの団体旅行	12.4	−
その他の旅行		3.7	−

旅行形態別に見るシェア（2021 年）（%）

旅行形態	市場区分	国内旅行	海外旅行
個人旅行	個人で実施する観光旅行 帰省や家事のための旅行 出張や業務旅行	91.2	−
団体旅行	組織が募集する団体旅行 会社がらみの団体旅行	5.1	−
その他の旅行		3.7	−

出典：（公財）日本交通公社 「旅行年報　2022」

主要各国の出国者数・出国率・外国人訪問者数・受入率

（単位：千人、%）

国籍	人口		出国者数		出国率	外国人訪問者数		受入率
日本	124,947	a	512	a	0.4	246	a	0.2
韓国	51,831	a	1,223	a	2.4	967	a	1.9
中国	1,425,862	a	20334	b	1.4	7,967	b	0.6
台湾	23,842	a	360	a	1.5	140	a	0.6
香港	7,500	a	905	a	12.1	91	a	1.2
フィリピン	113,094	a	−	−	−	164	a	0.1
ベトナム	97,094	a	−	−	−	157	a	0.2
タイ	71,562	a	33	a	0.0	511	a	0.7
マレーシア	33,396	a	−	−	−	135	a	0.4
シンガポール	5,926	a	833	a	14.1	325	a	5.5
インドネシア	272,890	a	1,711	a	0.6	1,558	a	0.6
インド	1,402,808	a	8,551	a	0.6	7,010	a	0.5
豪州	25,796	a	301	a	1.2	246	a	1.0
米国	336,496	a	33,499	b	10.0	22,100	a	6.6
カナダ	38,019	a	4,954	a	13.0	3,062	a	8.1
メキシコ	126,386	a	11,544	a	9.1	31,860	a	25.2
英国	67,168	a	19,142	a	28.5	6,384	a	9.5
フランス	64,502	a	13,681	a	21.2	48,395	a	75.0
オランダ	17,467	a	11,601	a	66.4	6,248	a	35.8
ドイツ	83,390	a	48,667	a	58.4	11,688	a	14.0
イタリア	59,361	a	12,354	a	20.8	26,888	a	45.3
スペイン	47,398	a	7,013	a	14.8	31,181	a	65.8
ロシア	145,473	a	12,361	b	8.5	6,359	b	4.4

注：1　本表の数値の右側に記載された a・b は、数値の該当年を表す　a：2021 年　b：2020 年
2　人口は 1 月 1 日現在の推計人口である。
3　本表の出国者数、外国人訪問者数は 2023 年 10 月現在の暫定値である。
4　本表で採用した数値は、日本、韓国、台湾、香港、ベトナム、インドネシア、インド、豪州、英国、ロシアを除き、原則的に 1 泊以上した出国者数及び外国人訪問者数である。
5　出国率（出国者数／人口）、受入率（入国者数／人口）は、便宜的に上記表中の数値を使って計算した。

資料：国際連合（UN）「World Population Prospects 2022」
国連世界観光機関（UNWTO）「Tourism Statistics Database（2023 年 10 月 31 日現在）」
（資料をもとに（公社）日本観光振興協会にて編集）

世界各国・地域からの出国者数

（2021 年 上位 40 位）

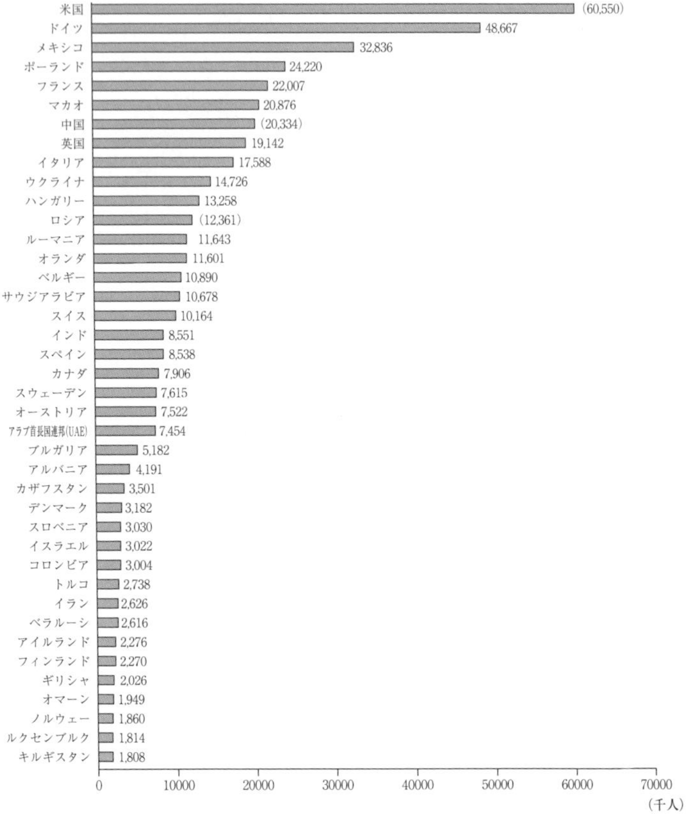
米国 (60,550)
ドイツ 48,667
メキシコ 32,836
ポーランド 24,220
フランス 22,007
マカオ 20,876
中国 (20,334)
英国 19,142
イタリア 17,588
ウクライナ 14,726
ハンガリー 13,258
ロシア (12,361)
ルーマニア 11,643
オランダ 11,601
ベルギー 10,890
サウジアラビア 10,678
スイス 10,164
インド 8,551
スペイン 8,538
カナダ 7,906
スウェーデン 7,615
オーストリア 7,522
アラブ首長国連邦(UAE) 7,454
ブルガリア 5,182
アルバニア 4,191
カザフスタン 3,501
デンマーク 3,182
スロベニア 3,030
イスラエル 3,022
コロンビア 3,004
トルコ 2,738
イラン 2,626
ベラルーシ 2,616
アイルランド 2,276
フィンランド 2,270
ギリシャ 2,026
オマーン 1,949
ノルウェー 1,860
ルクセンブルク 1,814
キルギスタン 1,808
0
10000
20000
30000
40000
50000
60000
70000
（千人）

注 1： 本表の数値は 2023 年 10 月時点の暫定値である。

2： 米国、中国、ロシアは 2021 年の数値が不明であるため、2020 年の数値を採用した。

3： 出国者数は、数値が追って新たに発表されたり、さかのぼって更新されることがあるため、数値の採用時期によって、その都度順位が変わり得る。

出典：国連世界観光機関（UNWTO）「Outbound Tourism-Departures」

世界各国・地域への外国人訪問者数

（2021 年上位 40 位）

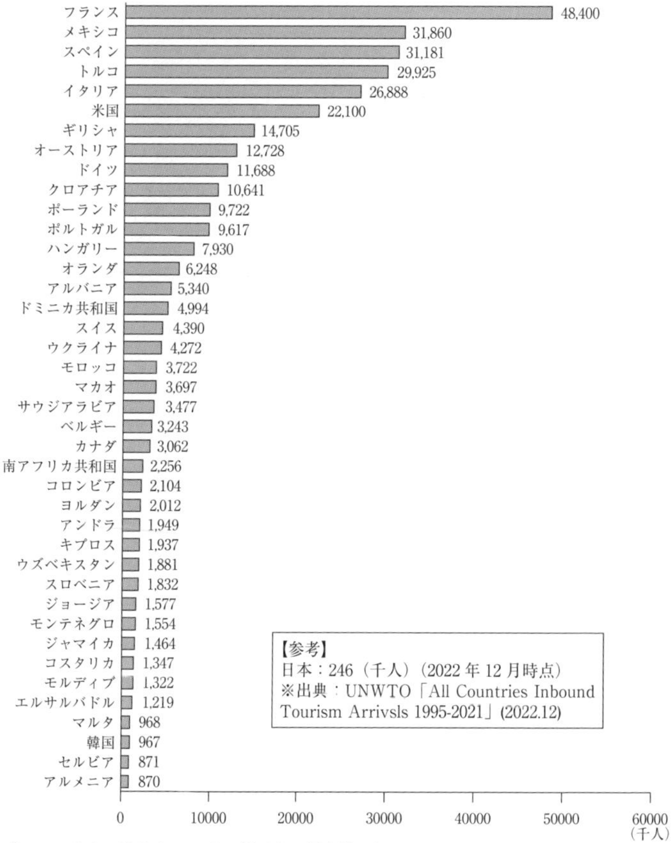
フランス 48,400
メキシコ 31,860
スペイン 31,181
トルコ 29,925
イタリア 26,888
米国 22,100
ギリシャ 14,705
オーストリア 12,728
ドイツ 11,688
クロアチア 10,641
ポーランド 9,722
ポルトガル 9,617
ハンガリー 7,930
オランダ 6,248
アルバニア 5,340
ドミニカ共和国 4,994
スイス 4,390
ウクライナ 4,272
モロッコ 3,722
マカオ 3,697
サウジアラビア 3,477
ベルギー 3,243
カナダ 3,062
南アフリカ共和国 2,256
コロンビア 2,104
ヨルダン 2,012
アンドラ 1,949
キプロス 1,937
ウズベキスタン 1,881
スロベニア 1,832
ジョージア 1,577
モンテネグロ 1,554
ジャマイカ 1,464
コスタリカ 1,347
モルディブ 1,322
エルサルバドル 1,219
マルタ 968
韓国 967
セルビア 871
アルメニア 870
【参考】
日本：246（千人）（2022 年 12 月時点）
※出典：UNWTO「All Countries Inbound Tourism Arrivsls 1995-2021」(2022.12)
0
10000
20000
30000
40000
50000
60000
（千人）

注 1： 本表の数値は 2022 年 9 月時点の暫定値である。

2： COVID-19 の影響を避けるため、2021 年の数値が収集できた国のみで比較を行っている。

3： 本表で採用した数値は、ウズベキスタン、韓国を除き、原則的に 1 泊以上した外国人訪問者数である。

4： 外国人訪問者数は、数値が追って新たに発表されたり、さかのぼって更新されることがあるため、数値の採用時期によって、その都度順位が変わり得る。

5： 外国人訪問者数は、各国・地域ごとに日本とは異なる統計基準により算出・公表されている場合があるため、これを比較する際には注意を要する。

出典：国連世界観光機関（UNWTO）、各国政府観光局

作成：日本政府観光局（JNTO）

為替相場と旅行者数の変遷

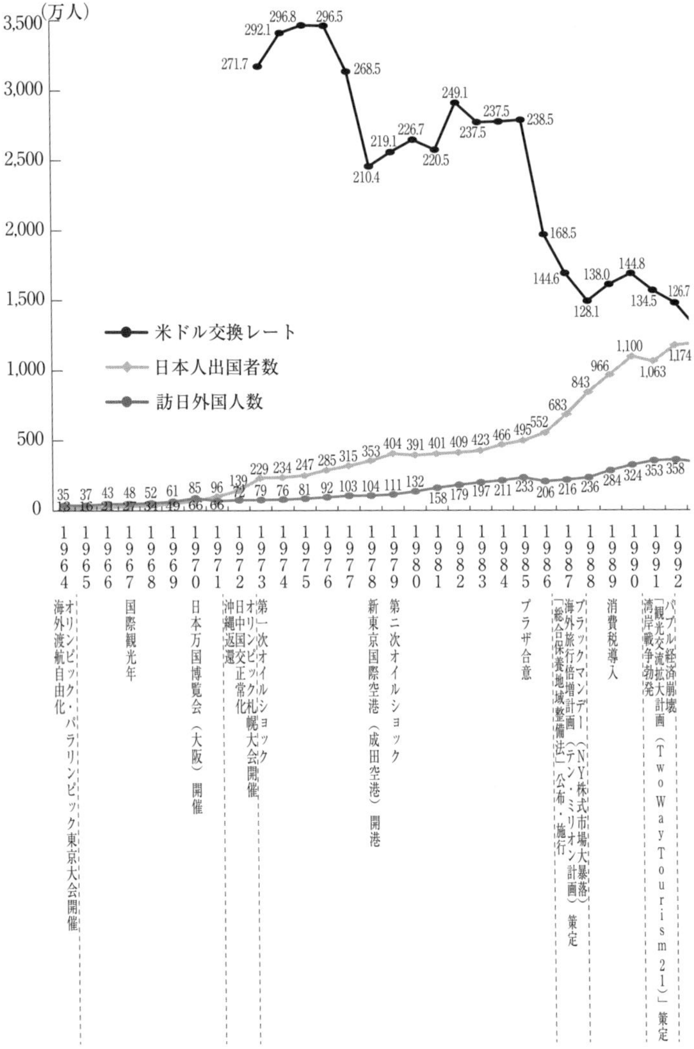

資料：出入国在留管理庁「出入国管理統計」、日本政府観光局（JNTO）「訪日外客数」、日本銀行

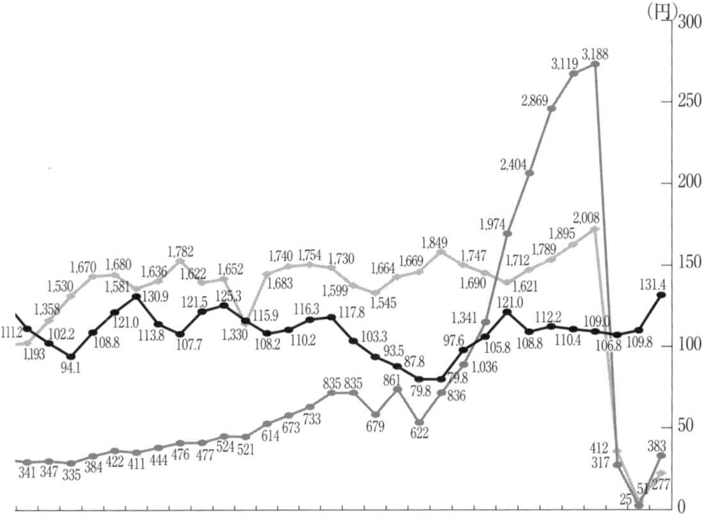

(円)
300
250
200
150
100
50
0
3,188
3,119
2,869
2,404
2,008
1,974
1,895
1,849
1,789
1,782
1,754
1,747
1,740
1,730
1,712
1,690
1,683
1,680
1,670
1,669
1,664
1,652
1,636
1,622
1,621
1,599
1,581
1,545
1,530
1,358
1,341
1,330
1,193
1,036
131.4
130.9
125.3
121.5
121.0
121.0
117.8
116.3
115.9
113.8
112.2
111.2
110.4
110.2
109.8
109.0
108.8
108.8
108.2
107.7
106.8
105.8
103.3
102.2
97.6
94.1
93.5
87.8
79.8
79.8
861
836
835 835
733
679
673
622
614
524
521
477
476
444
422
412
411
384
383
347
341
335
317
277
51
25

年	出来事
1993	法隆寺、屋久島など日本で初めて世界遺産に登録
1994	
1995	阪神・淡路大震災発生
1996	「ウェルカムプラン21（訪日観光交流倍増計画）」公表
1997	「外国人観光旅客の来訪地域の整備等の促進による国際観光の振興に関する法律（外客誘致法）」公布・施行
1998	オリンピック・パラリンピック長野大会開催
1999	
2000	「新ウェルカムプラン21」提言
2001	米国で同時多発テロ発生
2002	ワールドカップサッカー大会日韓共同開催 SARS発生 「グローバル観光戦略」策定
2003	イラク戦争勃発 ビジット・ジャパン・キャンペーン開始
2004	
2005	中部国際空港開港 日本国際博覧会（愛知）開幕
2006	
2007	「観光立国推進基本法」施行
2008	リーマンショック 観光庁発足
2009	新型インフルエンザ発生
2010	
2011	東日本大震災発生
2012	MERS発生
2013	
2014	
2015	
2016	熊本地震発生
2017	
2018	「特定複合観光施設区域整備法（IR整備法）」公布
2019	国際観光旅客税（出国税）徴収開始 ラグビーワールドカップ日本大会開催
2020	新型コロナウイルス感染症発生
2021	オリンピック・パラリンピック東京大会開催
2022	ロシアによるウクライナ軍事侵攻開始

8

世界の主要空港と日本の5大空港との比較

国名	米国	米国	英国	フランス	ドイツ
都市名	シカゴ	アトランタ	ロンドン	パリ	フランクフルト
空　港　名	O'Hare International Airport	Hartsfield-Jackson Atlanta International Airport	London Heathrow Airport	Paris Charles de Gaulle Airport	Frankfurt International Airport
IATA 空港コード	ORD	ATL	LHR	CDG	FRA
滑走路数	8	5	2	4	4
2022年 年間総発着数	711,561	724,145	376,847	402,849	382,211
2022年 年間取扱旅客数	68,340,619	93,699,630	61,599,199	57,474,033	48,923,474

国名	シンガポール	中国	中国	韓国
都市名	シンガポール	香港	北京	ソウル(仁川)
空　港　名	Singapore Changi Airport	Hong Kong International Airport	Beijing Capital International Airport	Incheon International Airport
IATA 空港コード	SIN	HKG	PEK	ICN
滑走路数	2	3	3	3
2022年 年間総発着数	218,668	138,729	157,630	171,253
2022年 年間取扱旅客数	32,202,122	5,639,014	12,703,342	17,869,759

国名	日本				
都市名	東京	千葉	大阪	大阪	名古屋
空　港　名	東京国際空港(羽田空港)	成田国際空港	関西国際空港	大阪国際空港(伊丹空港)	中部国際空港
IATA 空港コード	HND	NRT	KIX	ITM	NGO
滑走路数	4	2	2	2	1
2022年 年間総発着数	388,100	165,264	93,656	133,666	65,020
2022年 年間取扱旅客数	50,755,532	15,415,924	7,943,093	11,528,144	4,634,210

注：東京国際空港（羽田空港）の年間総発着数は、国土交通省「令和4年空港管理状況調書」の「着陸回数」を2倍した概数である。

〈資料〉
- 各空港 HP
- Chicago Department of Aviation
- Hartsfield-Jackson Atlanta International Airport
- Heathrow Airport Limited
- Aéroports de Paris
- Fraport AG
- Singapore Department of Statistics
- Hong Kong Civil Aviation Department
- 中国民用航空局
- 仁川国際空港公社
- 東京国際空港ターミナル（株）
- 日本空港ビルディング（株）
- 成田国際空港（株）
- 関西エアポート（株）
- 中部国際空港（株）
- 国土交通省
- International Air Transport Association（IATA）

目的別訪日外国人旅行者数の推移

（単位：人）

	合計	観光客	商用客 その他の客
'17（平 29）	28,691,073 ［100.0］ （119.3）	25,441,593 ［88.7］ （120.9）	3,249,480 ［11.3］ （108.7）
'18（平 30）	31,191,856 ［100.0］ （108.7）	27,766,112 ［89.0］ （109.1）	3,425,744 ［11.0］ （105.4）
'19（令 1）	31,882,049 ［100.0］ （102.2）	28,257,141 ［88.6］ （101.8）	3,624,908 ［11.4］ （105.8）
'20（令 2）	4,115,828 ［100.0］ （12.9）	3,312,230 ［80.5］ （11.7）	803,598 ［19.5］ （22.2）
'21（令 3）	245,862 ［100.0］ （6.0）	66,387 ［27.0］ （2.0）	179,475 ［73.0］ （22.3）
'22（令 4）	3,832,110 ［100.0］ （1558.6）	2,487,835 ［64.9］ （3747.5）	1,344,275 ［35.1］ （749.0）

注：［　］内は構成比（％）を、（　）内は前年比（％）を示す。
出典：日本政府観光局（JNTO）

出国外国人の日本での滞在期間（短期滞在）

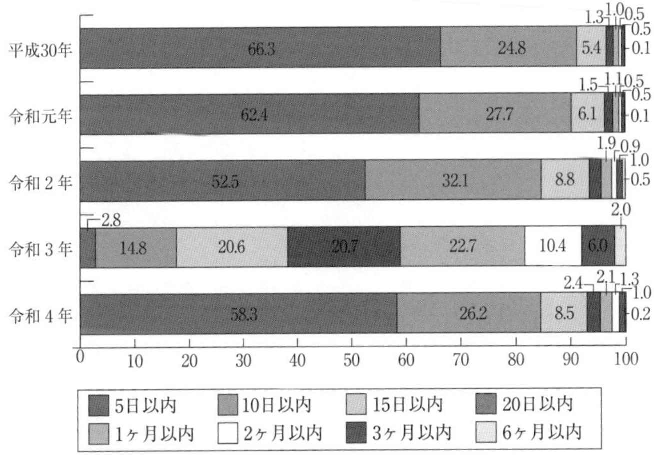

注：1　出入国在留管理庁「出入国管理統計」に基づき観光庁作成（平成 30 ～令和 2 年）
　　2　滞在期間が 6 月以内の出国外国人（短期滞在）の人数について集計した。
資料：国土交通省観光庁「令和 4 年版 観光白書」（平成 30 ～令和 2 年）
　　出入国在留管理庁「出入国管理統計」（令和 3 ～ 4 年）

州別、国・地域別訪日外国人旅行者数の推移

州名	国・地域名	'20（令2）			'21（令3）			'22（令4）		
		人数（人）	構成比（%）	前年比（%）	人数（人）	構成比（%）	前年比（%）	人数（人）	構成比（%）	前年比（%）
北アメリカ州	米国	219,307	5.3	12.7	20,026	8.1	9.1	323,513	8.4	1,615.5
	カナダ	53,365	1.3	14.2	3,536	1.4	6.6	55,877	1.5	1,580.2
	メキシコ	9,528	0.2	13.3	1,124	0.5	11.8	9,152	0.2	814.2
	その他	2,629	0.1	15.8	1,552	0.6	59.0	3,467	0.1	223.4
	小計	284,829	6.9	13.0	26,238	10.7	9.2	392,009	10.2	1,494.1
南アメリカ州	ブラジル	6,888	0.2	14.5	2,731	1.1	39.6	9,436	0.2	345.5
	その他	11,334	0.3	17.8	2,473	1.0	21.8	8,216	0.2	332.2
	小計	18,222	0.4	16.4	5,204	2.1	28.6	17,652	0.5	339.2
ヨーロッパ州	英国	51,024	1.2	12.0	7,294	3.0	14.3	57,496	1.5	788.3
	フランス	43,102	1.0	12.8	7,024	2.9	16.3	52,782	1.4	751.5
	ドイツ	29,785	0.7	12.6	5,197	2.1	17.4	45,748	1.2	880.3
	イタリア	13,691	0.3	8.4	3,527	1.4	25.8	23,683	0.6	671.5
	ロシア	22,260	0.5	18.5	3,723	1.5	16.7	10,324	0.3	277.3
	スペイン	11,741	0.3	9.0	3,053	1.2	26.0	15,926	0.4	521.7
	スウェーデン	7,622	0.2	14.2	1,112	0.5	14.6	7,900	0.2	710.4
	オランダ	8,481	0.2	10.7	1,860	0.8	21.9	12,064	0.3	648.6
	スイス	6,036	0.1	11.2	1,387	0.6	23.0	8,917	0.2	642.9
	ベルギー	4,074	0.1	10.4	1,122	0.5	27.5	6,611	0.2	589.2
	フィンランド	4,859	0.1	16.5	736	0.3	15.1	4,608	0.1	626.1
	ポーランド	3,996	0.1	10.4	1,350	0.5	33.8	5,745	0.1	425.6
	デンマーク	4,780	0.1	14.5	794	0.3	16.6	5,403	0.1	680.5
	ノルウェー	3,620	0.1	14.6	557	0.2	15.4	3,736	0.1	670.7
	オーストリア	3,605	0.1	13.1	888	0.4	24.6	5,025	0.1	565.9
	ポルトガル	3,179	0.1	9.8	728	0.3	22.9	3,176	0.1	436.3
	アイルランド	3,270	0.1	8.3	820	0.3	25.1	4,458	0.1	543.7
	その他	15,772	0.4	12.6	11,066	4.5	70.2	30,903	0.8	279.3
	小計	240,897	5.9	12.1	52,238	21.2	21.7	304,505	7.9	582.9
アフリカ州		7,840	0.2	14.2	6,769	2.8	86.3	14,613	0.4	215.9
アジア州	韓国	487,939	11.9	8.7	18,947	7.7	3.9	1,012,751	26.4	5,345.2
	中国	1,069,256	26.0	11.1	42,239	17.2	4.0	189,125	4.9	447.7
	台湾	694,476	16.9	14.2	5,016	2.0	0.7	331,097	8.6	6,600.8
	香港	346,020	8.4	15.1	1,252	0.5	0.4	269,285	7.0	21,508.4
	タイ	219,830	5.3	16.7	2,758	1.1	1.3	198,037	5.2	7,180.5
	シンガポール	55,273	1.3	11.2	857	0.3	1.6	131,969	3.4	15,398.9
	マレーシア	76,573	1.9	15.3	1,831	0.7	2.4	74,095	1.9	4,046.7
	インドネシア	77,724	1.9	18.8	5,209	2.1	6.7	119,723	3.1	2,298.4
	フィリピン	109,110	2.7	17.8	5,625	2.3	5.2	126,842	3.3	2,255.0
	ベトナム	152,559	3.7	30.8	26,586	10.8	17.4	284,113	7.4	1,068.7
	インド	26,931	0.7	15.3	8,831	3.6	32.8	54,314	1.4	615.0
	その他	87,856	2.1	19.6	31,276	12.7	35.6	209,941	5.5	671.3
	小計	3,403,547	82.7	12.7	150,427	61.2	4.4	3,001,292	78.3	1,995.2
オセアニア州	豪州	143,508	3.5	23.1	3,265	1.3	2.3	88,648	2.3	2,715.1
	ニュージーランド	16,070	0.4	17.1	1,404	0.6	8.7	12,107	0.3	862.3
	その他	808	0.0	13.9	284	0.1	35.1	1,166	0.0	410.6
	小計	160,386	3.9	22.2	4,953	2.0	3.1	101,921	2.7	2,057.8
無国籍		107	0.0	14.7	33	0.0	30.8	118	0.0	357.6
合計		4,115,828	100.0	12.9	245,862	100.0	6.0	3,832,110	100.0	1,558.6

出典：日本政府観光局（JNTO）

外国人旅行者訪問率上位都道府県の推移

（単位：%）

	平成27年			平成28年			平成29年			平成30年			令和元年			令和2年	
1	東京都	52.1	1	東京都	48.2	1	東京都	46.2	1	東京都	45.6	1	東京都	47.2	1	東京都	47.5
2	千葉県	44.4	2	千葉県	39.7	2	大阪府	38.7	2	大阪府	36.6	2	大阪府	38.6	2	千葉県	37.5
3	大阪府	36.3	3	大阪府	39.1	3	千葉県	36.0	3	千葉県	35.6	3	千葉県	35.1	3	大阪府	33.4
4	京都府	24.4	4	京都府	27.5	4	京都府	25.9	4	京都府	25.8	4	京都府	27.8	4	京都府	21.5
5	神奈川県	11.3	5	福岡県	9.9	5	福岡県	9.8	5	福岡県	10.4	5	奈良県	11.7	5	北海道	11.2
6	愛知県	9.8	6	神奈川県	9.6	6	愛知県	8.9	6	奈良県	8.9	6	愛知県	9.0	6	愛知県	8.2
7	福岡県	9.5	7	愛知県	9.5	7	神奈川県	8.5	7	北海道	7.9	7	福岡県	8.7	7	福岡県	8.0
8	北海道	8.1	8	北海道	7.8	8	北海道	7.7	8	愛知県	7.8	8	北海道	8.0	8	奈良県	7.6
9	兵庫県	6.5	9	奈良県	6.9	9	沖縄県	7.3	9	神奈川県	7.5	9	神奈川県	7.8	9	神奈川県	6.8
10	山梨県	6.3	10	沖縄県	6.7	10	奈良県	7.3	10	沖縄県	6.8	10	沖縄県	6.1	10	兵庫県	5.6
11	沖縄県	6.1	11	兵庫県	6.2	11	兵庫県	5.5	11	兵庫県	6.0	11	兵庫県	6.0	11	沖縄県	5.2
12	静岡県	5.4	12	山梨県	5.5	12	山梨県	5.4	12	山梨県	4.6	12	山梨県	5.5	12	長野県	5.0
13	奈良県	5.2	13	静岡県	5.4	13	静岡県	4.7	13	大分県	4.2	13	静岡県	4.8	13	山梨県	4.9
14	大分県	4.2	14	大分県	3.7	14	大分県	4.2	14	静岡県	4.2	14	大分県	3.3	14	岐阜県	3.5
15	長野県	3.2	15	広島県	3.5	15	広島県	3.0	15	広島県	2.9	15	広島県	3.0	15	静岡県	3.1
延べ訪問率		262.4	延べ訪問率		257.7	延べ訪問率		246.3	延べ訪問率		243.4	延べ訪問率		252.3	延べ訪問率		238.9

注：令和２年は１−３月期の値（令和３年及び４年は新型コロナウイルス感染症の影響により調査中止）
資料：国土交通省観光庁「訪日外国人消費動向調査」

8

国籍別／目的別　訪日外客数

（2022 年）

国・地域	総数				観光客				商用客				その他客			
	総計	伸率%	縦構成比%	横構成比%	計	伸率%	縦構成比%	横構成比%	計	伸率%	縦構成比%	横構成比%	計	伸率%	縦構成比%	横構成比%
総数	3,832,110	1458.6	100.0	100.0	2,487,835	3647.5	100.0	64.9	422,361	2202.4	100.0	11.0	921,914	472.2	100.0	24.1
アジア	3,001,292	1895.2	78.3	100.0	1,972,082	15233.8	79.3	65.7	240,071	1929.7	56.8	8.0	789,139	527.6	85.6	26.3
韓国	1,012,751	5245.2	26.4	100.0	858,828	41011.9	34.5	84.8	78,579	3406.4	18.6	7.8	75,344	415.5	8.2	7.4
中国	189,125	347.7	4.9	100.0	42,852	1012.7	1.7	22.7	26,183	582..6	6.2	13.8	120,090	247.6	13.0	63.5
台湾	331,097	6500.8	8.6	100.0	286,295	48424.6	11.5	86.5	23,640	3906.8	5.6	7.1	21,162	451.7	2.3	6.4
香港	269,285	21408.4	7.0	100.0	256,631	67971.9	10.3	95.3	7,037	2869.2	1.7	2.6	5,617	780.4	0.6	2.1
タイ	198,037	7080.5	5.2	100.0	166,066	33246.6	6.7	83.9	13,577	3753.3	3.2	6.9	18,394	865.1	2.0	9.3
シンガポール	131,969	15298.9	3.4	100.0	116,813	38837.7	4.7	88.5	12,721	9996.0	3.0	9.6	2,435	465.0	0.3	1.8
マレーシア	74,095	3946.7	1.9	100.0	58,048	17983.5	2.3	78.3	9,202	3439.2	2.2	12.4	6,845	447.6	0.7	9.2
インドネシア	119,723	2198.4	3.1	100.0	46,897	11200.5	1.9	39.2	8,898	6166.2	2.1	7.4	63,928	1274.2	6.9	53.4
フィリピン	126,842	2155.0	3.3	100.0	72,301	14838.2	2.9	57.0	9,429	3717.4	2.2	7.4	45,112	821.8	4.9	35.6
ベトナム	284,113	968.7	7.4	100.0	26,909	13629.1	1.1	9.5	12,896	4198.7	3.1	4.5	244,308	836.4	26.5	86.0
インド	54,314	515.0	1.4	100.0	8,634	1464.1	0.3	15.9	15,882	3437.2	3.8	29.2	29,798	280.6	3.2	54.9
中東地域	21,427	650.2	0.6	100.0	12,801	817.6	0.5	59.7	5,012	2079.1	1.2	23.4	3,614	193.6	0.4	16.9
イスラエル	7,673	1139.6	0.2	100.0	5,035	1171.5	0.2	65.6	2,048	4352.2	0.5	26.7	590	233.3	0.1	7.7
トルコ	7,129	514.0	0.2	100.0	4,016	636.9	0.2	56.3	1,820	1795.8	0.4	25.5	1,293	148.7	0.1	18.1
GCC6 か国	6,625	515.7	0.2	100.0	3,750	726.0	0.2	56.6	1,144	1200.0	0.3	17.3	1,731	224.2	0.2	26.1
マカオ	1,359	2416.7	0.0	100.0	1,101	15628.6	0.0	81.0	90	2150.0	0.0	6.6	168	290.7	0.0	12.4
モンゴル	19,267	1043.4	0.5	100.0	5,141	1948.2	0.2	26.7	3,082	4792.1	0.7	16.0	11,044	705.5	1.2	57.3
その他アジア	167,888	529.2	4.4	100.0	12,765	731.6	0.5	7.6	13,843	403.6	3.3	8.2	141,280	530.8	15.3	84.2
ヨーロッパ	304,505	482.9	7.9	100.0	145,532	360.9	5.8	47.8	93,626	2101.9	22.2	30.7	65,347	298.2	7.1	21.5
英国	57,496	688.3	1.5	100.0	30,530	572.8	1.2	53.1	15,454	2804.9	3.7	26.9	11,512	417.6	1.2	20.0
フランス	52,782	651.5	1.4	100.0	27,423	731.8	1.1	52.0	13,884	1987.8	3.3	26.3	11,475	274.8	1.2	21.7
ドイツ	45,748	780.3	1.2	100.0	18,625	530.9	0.7	40.7	19,218	2587.8	4.6	42.0	7,905	416.7	0.9	17.3
イタリア	23,683	571.5	0.6	100.0	10,998	393.6	0.4	46.4	7,976	2295.2	1.9	33.7	4,709	387.5	0.5	19.9
スペイン	15,926	421.7	0.4	100.0	8,466	340.5	0.3	53.2	3,821	1988.0	0.9	24.0	3,639	283.9	0.4	22.8
ロシア	10,324	177.3	0.3	100.0	3,893	114.6	0.2	37.7	2,828	836.4	0.7	27.4	3,603	124.2	0.4	34.9
北欧地域	21,647	576.7	0.6	100.0	10,415	389.4	0.4	48.1	7,348	2715.3	1.7	33.9	3,884	379.5	0.4	17.9
スウェーデン	7,900	610.4	0.2	100.0	4,045	458.7	0.2	51.2	2,382	2877.5	0.6	30.2	1,473	378.2	0.2	18.6
フィンランド	4,608	526.1	0.1	100.0	2,119	336.9	0.1	46.0	1,653	3343.8	0.4	35.9	836	311.8	0.1	18.1
デンマーク	5,403	580.5	0.1	100.0	2,402	354.1	0.1	44.5	2,025	2227.6	0.5	37.5	976	448.3	0.1	18.1
ノルウェー	3,736	570.7	0.1	100.0	1,849	374.1	0.1	49.5	1,288	2700.0	0.3	34.5	599	395.0	0.1	16.0
オランダ	12,064	548.6	0.3	100.0	5,885	318.9	0.2	48.8	4,358	3104.4	1.0	36.1	1,821	470.8	0.2	15.1
スイス	8,917	542.9	0.2	100.0	5,281	427.6	0.2	59.2	2,619	2302.8	0.6	29.4	1,017	267.1	0.1	11.4
ベルギー	6,611	489.2	0.2	100.0	3,059	294.7	0.1	46.3	2,477	2563.4	0.6	37.5	1,075	323.2	0.1	16.3
ポーランド	5,745	325.6	0.1	100.0	2,864	195.3	0.1	49.9	1,615	3745.2	0.4	28.1	1,266	274.6	0.1	22.0
オーストリア	5,025	465.9	0.1	100.0	2,145	361.3	0.1	42.7	2,025	1740.9	0.5	40.3	855	173.2	0.1	17.0

国・地域	総数				観光客				商用客				その他客			
	総計	伸率 %	縦構成比 %	横構成比 %	計	伸率 %	縦構成比 %	横構成比 %	計	伸率 %	縦構成比 %	横構成比 %	計	伸率 %	縦構成比 %	横構成比 %
ポルトガル	3,176	336.3	0.1	100.0	1,660	200.7	0.1	52.3	808	1143.1	0.2	25.4	708	537.8	0.1	22.3
アイルランド	4,458	443.7	0.1	100.0	2,160	301.5	0.1	48.5	1,380	4081.8	0.3	31.0	918	268.7	0.1	20.6
その他ヨーロッパ	30,903	179.3	0.8	100.0	12,128	73.5	0.5	39.2	7,815	1061.2	1.9	25.3	10,960	222.3	1.2	35.5
アフリカ	14,613	115.9	0.4	100.0	2,382	-31.3	0.1	16.3	3,563	2020.8	0.8	24.4	8,668	176.5	0.9	59.3
北アメリカ	392,009	1394.1	10.2	100.0	281,059	2257.1	11.3	71.7	67,010	3841.8	15.9	17.1	43,940	248.3	4.8	11.2
米国	323,513	1515.5	8.4	100.0	229,137	2766.7	9.2	70.8	58,336	4408.2	13.8	18.0	36,040	235.6	3.9	11.1
カナダ	55,877	1480.2	1.5	100.0	44,779	2021.2	1.8	80.1	6,021	2035.1	1.4	10.8	5,077	344.2	0.6	9.1
メキシコ	9,152	714.2	0.2	100.0	5,873	675.8	0.2	64.2	1,707	2410.3	0.4	18.7	1,572	425.8	0.2	17.2
その他北アメリカ	3,467	123.4	0.1	100.0	1,270	19.5	0.1	36.6	946	1589.3	0.2	27.3	1,251	188.9	0.1	36.1
南アメリカ	17,652	239.2	0.5	100.0	8,633	143.7	0.3	48.9	3,742	2101.2	0.9	21.2	5,277	253.9	0.6	29.9
ブラジル	9,436	245.5	0.2	100.0	4,765	178.0	0.2	50.5	1,862	3947.8	0.4	19.7	2,809	189.3	0.3	29.8
その他南アメリカ	8,216	232.2	0.2	100.0	3,868	111.5	0.2	47.1	1,880	1416.1	0.4	22.9	2,468	374.6	0.3	30.0
オセアニア	101,921	1957.8	2.7	100.0	78,111	2501.1	3.1	76.6	14,335	6242.9	3.4	14.1	9,475	449.6	1.0	9.3
豪州	88,648	2615.1	2.3	100.0	69,705	3257.7	2.8	78.6	12,002	6494.5	2.8	13.5	6,941	589.3	0.8	7.8
ニュージーランド	12,107	762.3	0.3	100.0	8,176	971.6	0.3	67.5	2,056	4681.4	0.5	17.0	1,875	213.5	0.2	15.5
その他オセアニア	1,166	310.6	0.0	100.0	230	40.2	0.0	19.7	277	27600.0	0.1	23.8	659	453.8	0.1	56.5
無国籍・その他	118	257.6	0.0	100.0	36	176.9	0.0	30.5	14	–	0.0	11.9	68	240.0	0.0	57.6

注：1 「訪日外客」とは、国籍に基づく法務省集計による外国人正規入国者から日本に居住する外国人を除き、これに外国人一時上陸客等を加えた入国外国人旅行者のことである。
「観光客」とは、「短期滞在入国者」から「商用客」を引いた入国外国人で、「親族友人訪問」を含んでいる。
「その他客」とは、観光、商用目的を除く入国外国人で、留学、研修、外交・公用などが含まれる。
2 中東地域はイスラエル、トルコ、GCC6か国（サウジアラビア、アラブ首長国連邦（UAE）、バーレーン、オマーン、カタール、クウェート）を指す。
3 北欧地域はスウェーデン、フィンランド、デンマーク、ノルウェーを指す。
出典：日本政府観光局（JNTO）

8

各国・地域の日本への旅行率

（単位：%）

	2016年	2017年	2018年	2019年	2020年	2021年	2022年
韓国	22.7	26.9	26.3	19.5	11.4	1.6	15.5
中国	4.7	5.1	5.6	6.2	5.3	–	–
台湾	28.6	29.2	28.6	28.6	29.7	1.4	22.3
香港	2.0	2.4	2.4	2.4	4.2	0.1	12.3
タイ	11.0	11.0	11.4	12.6	12.9	9.1	–
シンガポール	3.8	4.1	4.2	4.6	3.6	0.1	2.6
インド	0.6	0.6	0.6	0.7	0.4	0.1	–
豪州	4.3	4.5	4.8	5.4	5.1	1.0	1.7
米国	1.5	1.6	1.6	1.7	0.7	–	–
カナダ	0.9	0.9	1.0	1.1	0.6	0.1	0.3
英国	0.4	0.4	0.4	0.5	0.2	0.0	–
フランス	1.0	0.9	1.0	1.1	0.4	0.1	–
ドイツ	0.2	0.2	0.2	0.2	0.1	0.0	0.1
イタリア	0.4	0.4	0.4	0.5	0.1	0.0	0.1
ロシア	0.2	0.2	0.2	0.3	0.2	–	–

資料：国連世界観光機関（UNWTO）、日本政府観光局（JNTO）資料をもとに（公社）日本観光振興協会にて作成

月別訪日外国人数

（単位：人）

	1月	2月	3月	4月	5月	6月	7月	8月	9月	10月	11月	12月
2019年	2,689,339	2,604,322	2,760,136	2,926,685	2,773,091	2,880,041	2,991,189	2,520,134	2,272,883	2,496,568	2,441,274	2,526,387
2020年	2,661,022	1,085,147	193,658	2,917	1,663	2,565	3,782	8,658	13,684	27,386	56,673	58,673
2021年	46,522	7,355	12,276	10,853	10,035	9,251	51,055	25,916	17,720	22,113	20,682	12,084
2022年	17,766	16,719	66,121	139,548	147,046	120,430	144,578	169,902	206,641	498,646	934,599	1,370,114

資料：日本政府観光局（JNTO）

訪日外国人旅行者が今回実施した活動と次回実施したい活動

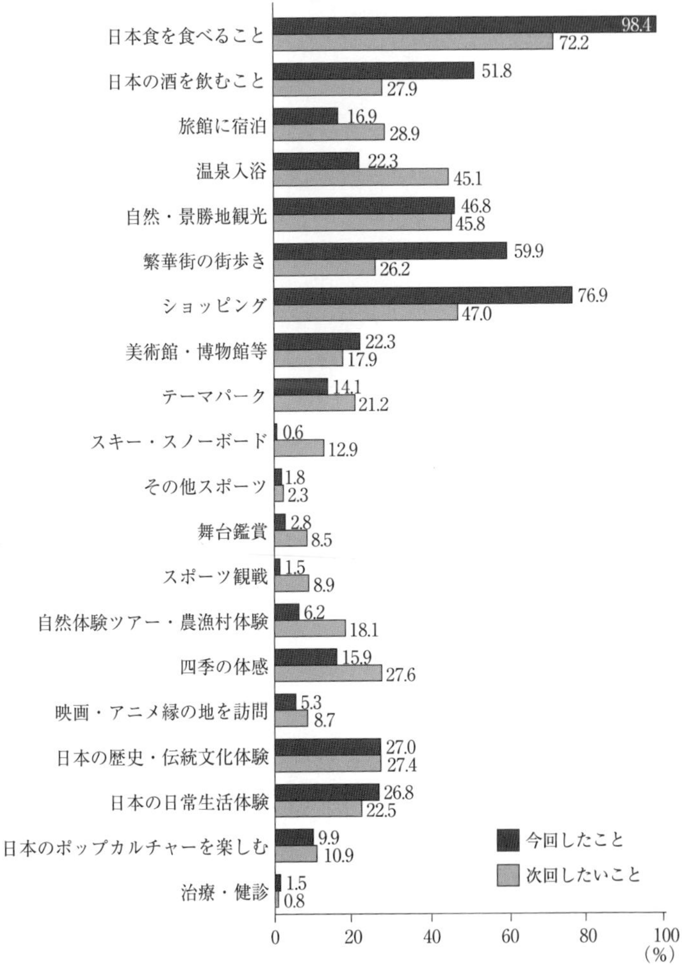

日本食を食べること
98.4
72.2
日本の酒を飲むこと
51.8
27.9
旅館に宿泊
16.9
28.9
温泉入浴
22.3
45.1
自然・景勝地観光
46.8
45.8
繁華街の街歩き
59.9
26.2
ショッピング
76.9
47.0
美術館・博物館等
22.3
17.9
テーマパーク
14.1
21.2
スキー・スノーボード
0.6
12.9
その他スポーツ
1.8
2.3
舞台鑑賞
2.8
8.5
スポーツ観戦
1.5
8.9
自然体験ツアー・農漁村体験
6.2
18.1
四季の体感
15.9
27.6
映画・アニメ縁の地を訪問
5.3
8.7
日本の歴史・伝統文化体験
27.0
27.4
日本の日常生活体験
26.8
22.5
日本のポップカルチャーを楽しむ
9.9
10.9
治療・健診
1.5
0.8
今回したこと
次回したいこと
0
20
40
60
80
100
(%)

出典：国土交通省観光庁「訪日外国人消費動向調査」(2022 年試算値)

8

ガイド試験の合格者数及び登録者数

年度 / 合格者数	合格者数（人）					登録者数（人）
	'18（平30）	'19（令1）	'20（令2）	'21（令3）	'22（令4）	
英語	584 (10.1)	505 (9.2)	410 (10.4)	251 (8.5)	452 (17.4)	19,544
フランス語	33 (11.6)	21 (8.0)	9 (5.1)	25 (18.7)	12 (7.4)	1,152
スペイン語	23 (11.9)	18 (9.5)	5 (3.9)	13 (11.1)	16 (16.2)	973
ドイツ語	5 (6.7)	3 (3.8)	11 (15.5)	6 (17.6)	11 (25.0)	653
中国語	61 (7.9)	47 (6.6)	29 (6.9)	25 (7.3)	38 (11.9)	2,792
イタリア語	8 (7.9)	2 (2.3)	6 (9.4)	5 (8.9)	12 (16.9)	278
ポルトガル語	5 (8.8)	1 (2.1)	3 (8.6)	3 (12.0)	6 (18.8)	174
ロシア語	4 (4.9)	4 (5.6)	1 (1.6)	3 (5.4)	5 (11.9)	340
韓国語	29 (9.7)	17 (6.3)	15 (10.0)	15 (14.6)	19 (21.8)	1,334
タイ語	1 (3.4)	0 (0.0)	0 (0.0)	1 (9.1)	0 (0.0)	37
合計	753 (9.8)	618 (8.5)	489 (9.6)	347 (9.1)	571 (16.4)	27,277

注：1　（　）内は合格率（%）　合格率は受験者数に対する比率
　　2　登録者数は '23（令5）年4月1日現在の累計
資料：日本政府観光局（JNTO）・国土交通省観光庁

ツーリスト・インフォメーション・センター（TIC）

日本政府観光局（JNTO）の TIC では、英語、中国語、韓国語で訪日外国人旅行者に対する日本全国の旅行情報の提供をカウンターおよび電話で実施しているほか、多言語のパンフレットや地図等の無料提供等を行っている。

〒100-0005　千代田区丸の内3-3-1　新東京ビル1階
TEL：03-3201-3331

JNTO 認定外国人観光案内所

日本政府観光局（JNTO）では、観光庁が定めた「外国人観光案内所の設置・運営のあり方指針（平成24年1月制定、令和5年3月改定）」に基づき、平成24年度より、外国人観光案内所の認定制度を運用している。本認定制度は対応する言語の種類や、観光案内の範囲などにより、3つのカテゴリー及びパートナー施設に分けて認定し、3年ごとの更新制となっている。認定案内所にはJNTO TICによる通訳サービスや研修会などの支援サービスが提供され、全国のJNTO認定外国人案内所の機能充実と質の向上を図っている。

令和5年9月末現在の認定案内所数は1,517ヵ所となっている。

善意通訳（グッドウィル・ガイド）

善意通訳（グッドウィル・ガイド）は、日本を訪れる外国人旅行者が街頭、駅、車内等で言語の問題で困った際に、外国語を解する人がボランティア精神に基づき無償で手助けするもので、日本政府観光局（JNTO）で登録を受け付けている。令和5年8月現在までの善意通訳者の累計登録件数は延べ6万5千件を上回っている。

ビザ（査証）免除国・地域（短期滞在）

'23（令和5）年9月30日現在

我が国は、70の国・地域に対して、査証免除措置を行っている。　これらの諸国・地域人は、商用、会議、観光、親族・知人訪問等を目的とする場合、入国に際して査証を取得する必要はない。ただし、日本で報酬を受ける活動に従事する場合、またはそれぞれ国毎に決められた短期滞在の期間を超えて滞在する場合にはビザを取得する必要がある。
・在留期間　上陸許可の際に付与される在留期間は、インドネシア及びタイは「15日」、ブルネイは「14日」、アラブ首長国連邦及びカタールは「30日」、その他の国・地域については「90日」となる。

70のビザ免除措置国・地域一覧表

アジア	インドネシア（注1）、シンガポール、タイ（注2）（15日以内）、マレーシア（注3）、ブルネイ（14日以内）、韓国、台湾（注4）、香港（注5）、マカオ（注6）
北米	米国、カナダ
中南米	アルゼンチン、ウルグアイ、エルサルバドル、グアテマラ、コスタリカ、スリナム、チリ、ドミニカ共和国、バハマ、バルバドス（注7）、ブラジル（注2）、ホンジュラス、メキシコ（注8）
大洋州	オーストラリア、ニュージーランド
中東	アラブ首長国連邦（注2）（30日以内）、イスラエル、カタール（注9）、トルコ（注7）
アフリカ	チュニジア、モーリシャス、レソト（注5）
欧州	アイスランド、アイルランド（注8）、アンドラ、イタリア、エストニア、オーストリア（注8）、オランダ、キプロス、ギリシャ、クロアチア、サンマリノ、スイス（注8）、スウェーデン、スペイン、スロバキア、スロベニア、セルビア（注2）、チェコ、デンマーク、ドイツ（注8）、ノルウェー、ハンガリー、フィンランド、フランス、ブルガリア、ベルギー、ポーランド、ポルトガル、北マケドニア、マルタ、モナコ、ラトビア、リトアニア、リヒテンシュタイン（注8）、ルーマニア、ルクセンブルク、英国（注8）

注：1　インドネシア（2014年12月1日以降）のビザ免除の対象は、ICAO（International Civil Aviation Organization：国際民間航空機関）標準のIC旅券を所持し、インドネシアに所在する日本の在外公館（大使館、総領事館、領事事務所）においてIC旅券の事前登録を行った方に限ります（事前登録の有効期間は3年又は旅券の有効期間満了日までのどちらか短い期間になります）。

2　ブラジル（2023年9月30日以降）、アラブ首長国連邦（2022年11月1日以降）、タイ（2013年7月1日以降）、及びセルビア（2011年5月1日以降）のビザ免除の対象は、ICAO標準のIC旅券を所持する方に限ります。IC旅券を所持していない方は事前にビザを取得することが求められます。

3　マレーシア（2013年7月1日以降）のビザ免除の対象は、ICAO標準のIC旅券を所持する方に限ります。IC旅券を所持していない方は事前にビザを取得することを推奨します（事前にビザを取得せずに入国する場合、日本入国時に厳格な入国審査が行われ、結果として入国できないおそれがあります）。

4　台湾のビザ免除の対象は、身分証番号が記載された台湾護照（旅券）を所持する方に限ります。

5　香港のビザ免除の対象は、香港特別行政区（SAR）旅券を所持する方、英国海外市民（BNO）旅券を所持する方（香港居住権所持者）に限ります。

6　マカオのビザ免除の対象は、マカオ特別行政区旅券を所持する方に限ります。

7　バルバドス（2010年4月1日以降）、トルコ（2011年4月1日以降）、及びレソト（2010年4月1日以降）のビザ免除の対象は、ICAO標準の機械読取式旅券（MRP：Machine-Readable Passport）を所持する方に限ります。MRPを所持していない方は、ビザを取得することを推奨します（事前にビザを取得せずに入国する場合、日本入国時に厳格な入国審査が行われ、結果として入国できないおそれがあります）。

8　これらの国の方は、ビザ免除取極において6か月以内の滞在が認められていますが、90日を超えて滞在する場合には、在留期間満了前に出入国在留管理庁（地方出入国在留管理官署）において在留期間更新手続きを行う必要があります。

9　カタール（2023年4月2日以降）のビザ免除の対象は、ICAO（International Civil Aviation Organization：国際民間航空機関）標準のIC旅券を所持し、日本の在外公館（大使館、総領事館、領事事務所）においてIC旅券の事前登録を行った方に限ります（事前登録の有効期間は3年又は旅券の有効期間満了日までのどちらか短い期間になります）。

10　ペルー（1995年7月15日以降）及びコロンビア（2004年2月1日以降）に対しては、ビザ取得を勧奨する措置を導入しています。事前にビザを取得せずに入国する場合、日本入国時に厳格な入国審査が行われ、結果として入国できないおそれがあります。

ICAO標準の機械読取式旅券（MRP：Machine-Readable Passport）

ICAO（International Civil Aviation Organization：国際民間航空機関）標準で定められている機械読取式旅券（MRP）とは、旅券の身分事項ページに、機械読み取り可能な個人情報等の旅券データが記載されている旅券のことである。

資料：外務省「ビザ免除国・地域（短期滞在）」

日本での国際会議開催状況

（単位：件）

順位	'18（平 30）	件数	'19（令 1）	件数	'20（令 2）	件数	'21（令 3）	件数
1 位	東京（23 区）	645	東京（23 区）	561	東京（23 区）	63	横浜市	13
2 位	神戸市	419	神戸市	438	京都市	26	京都市	4
3 位	京都市	348	京都市	383	神戸市	23	東京（23 区）	3
4 位	福岡市	293	福岡市	313	福岡市	15	北九州市	2
5 位	名古屋市	202	横浜市	277	千里地区（注 1）	13	仙台市	1
6 位	横浜市	156	名古屋市	252	仙台市	10	柏市	1
7 位	大阪市	152	大阪市	204	横浜市	9	府中市	1
8 位	北九州市	133	北九州市	150	名古屋市	9	伊勢志摩地区（注 3）	1
9 位	仙台市	116	仙台市	136	大阪市	9	神戸市	1
10 位	札幌市	109	札幌市	102	北九州市	6	姫路市	1
11 位	広島市	74	千里地区（注 1）	84	つくば地区（注 2）	4	岡山市	1
12 位	千里地区（注 1）	68	広島市	72	柏市	3		
13 位	千葉市	65	千葉市	56	金沢市	3		
14 位	つくば地区（注 2）	42	つくば地区（注 2）	54	奈良市	3		
15 位	奈良市	36	岡山市	43				
	その他	575	その他	496	その他	26	その他	0
計	3,433		3,621		222		29	

資料：日本政府観光局（JNTO）国際会議統計（2018 年～ 2021 年）
統計基準：
国際機関・国際団体(各国支部を含む)又は国家機関・国内団体(各々の定義が明確ではないため、「公共色を帯びていない民間企業」以外は全て)が主催する会議で下記の条件を全て満たすもの
①総参加者数 50 人以上、②参加国が日本を含む 3 居住国・地域以上、③開催期間が 1 日以上
注：1　千里地区：大阪府の豊中市、吹田市、茨木市、高槻市、箕面市を含む
注：2　つくば地区：茨城県のつくば市、土浦市を含む
注：3　伊勢志摩地区：三重県の伊勢市、鳥羽市、志摩市、玉城町、南伊勢町、度会町を含む
注：4　1 つの国際会議が複数の都市にまたがって開催された場合、それぞれの都市において 1 件として計上している
注：5　2020（令和 2）年は、開催件数が 3 件よりも多い 14 都市・地区のみ掲載

国際会議観光都市一覧

国際会議観光都市		コンベンション推進組織
1. 札幌市	（北海道）	（公財）札幌国際プラザ
2. 旭川市	（〃）	（一社）旭川観光コンベンション協会
3. 釧路市	（〃）	（一社）釧路観光コンベンション協会
4. 青森市	（青森県）	（公社）青森観光コンベンション協会
5. 盛岡市	（岩手県）	（公財）盛岡観光コンベンション協会
6. 仙台市	（宮城県）	（公財）仙台観光国際協会
7. 新潟市	（新潟県）	（公財）新潟観光コンベンション協会
8. 長野市	（長野県）	（公財）ながの観光コンベンションビューロー

国際会議観光都市		コンベンション推進組織
9. 松本市	（長野県）	（一社）松本観光コンベンション協会
10. 上田市	（〃）	（一社）信州上田観光協会
11. 秋田市	（秋田県）	（公財）秋田観光コンベンション協会
12. 山形市	（山形県）	（一財）山形コンベンションビューロー
13. 鶴岡市	（〃）	庄内観光コンベンション協会
14.「つくば市・土浦市」	（茨城県）	（一社）つくば観光コンベンション協会
15. 千葉市	（千葉県）	（公財）ちば国際コンベンションビューロー
16. 成田市	（〃）	〃
17. 木更津市	（〃）	〃
18. 浦安市	（〃）	〃
19. さいたま市	（埼玉県）	（公社）さいたま観光国際協会
20. 前橋市	（群馬県）	（公財）前橋観光コンベンション協会
21. 横浜市	（神奈川県）	（公財）横浜観光コンベンション・ビューロー
22. 箱根町	（〃）	箱根コンベンションビューロー
23. 名古屋市	（愛知県）	（公財）名古屋観光コンベンションビューロー
24. 犬山市	（〃）	（一社）犬山市観光協会
25. 静岡市	（静岡県）	（公財）するが企画観光局
26. 浜松市	（〃）	（公財）浜松・浜名湖ツーリズムビューロー
27. 富士吉田市	（山梨県）	（一財）ふじよしだ観光振興サービス
28. 岐阜市	（岐阜県）	（公財）岐阜観光コンベンション協会
29. 高山市	（〃）	（一社）飛騨・高山観光コンベンション協会
30. 伊勢志摩地区	（三重県）	（公社）伊勢志摩観光コンベンション機構
31. 福井市	（福井県）	（公社）福井県観光連盟
32. 金沢市	（石川県）	（公財）金沢コンベンションビューロー
33. 富山市	（富山県）	（公財）富山コンベンションビューロー
34. 大阪市	（大阪府）	（公財）大阪観光局
35. 京都市	（京都府）	（公財）京都文化交流コンベンションビューロー
36. 神戸市	（兵庫県）	（一財）神戸観光局
37. 姫路市	（〃）	（公社）姫路観光コンベンションビューロー
38. 奈良市	（奈良県）	（一財）奈良県ビジターズビューロー
39. 広島市	（広島県）	（公財）広島観光コンベンションビューロー
40. 松江市	（島根県）	松江コンベンションビューロー（一財）くにびきメッセ
41. 岡山市	（岡山県）	（公社）おかやま観光コンベンション協会
42. 下関市	（山口県）	（一社）下関観光コンベンション協会
43. 徳島市	（徳島県）	（一財）徳島県観光協会
44. 高松市	（香川県）	（公財）高松観光コンベンション・ビューロー
45. 松山市	（愛媛県）	（公財）松山観光コンベンション協会
46. 福岡市	（福岡県）	（公財）福岡観光コンベンションビューロー
47. 北九州市	（〃）	（公財）北九州観光コンベンション協会
48. 長崎市	（長崎県）	（一社）長崎国際観光コンベンション協会
49. 別府市	（大分県）	（公社）ツーリズムおおいた
50. 熊本市	（熊本県）	（一財）熊本国際観光コンベンション協会
51. 宮崎市	（宮崎県）	（公財）宮崎県観光協会
52. 鹿児島市	（鹿児島県）	（公財）鹿児島観光コンベンション協会
53.「那覇市・浦添市・宜野湾市・沖縄市」	（沖縄県）	（一財）沖縄観光コンベンションビューロー

注：1　つくば市、土浦市は一体として認定。
　　2　伊勢志摩地区は、伊勢市、鳥羽市、二見町、玉城町、小俣町、御薗村、南勢町、南島町、度会町、浜島町、大王町、志摩町、阿児町及び磯部町を一体として認定。浜島町、大王町、志摩町、阿児町及び磯部町は、合併により、現在、志摩市。
　　3　沖縄県内の4市は一体として認定。

資料：国土交通省観光庁

日本人月別海外旅行者数

（単位：千人）

月＼年	'17(平 29)	'18(平 30)	'19(令 1)	'20(令 2)	'21(令 3)	'22(令 4)
1	1,295	1,424	1,452	1,381	49	75
2	1,493	1,391	1,535	1,317	25	47
3	1,745	1,807	1,930	273	29	71
4	1,235	1,357	1,667	4	36	129
5	1,318	1,384	1,438	6	30	134
6	1,336	1,422	1,521	11	31	172
7	1,481	1,558	1,659	20	43	278
8	1,888	2,033	2,110	37	66	386
9	1,623	1,630	1,751	32	52	319
10	1,459	1,646	1,663	31	51	350
11	1,547	1,673	1,642	31	52	379
12	1,469	1,629	1,712	33	49	432
計	17,889	18,954	20,081	3,174	512	2,772

注：千人未満四捨五入のため月別の数字と合計は一致しないことがある
資料：出入国在留管理庁「出入国管理統計」

海外旅行者の性別構成比の推移

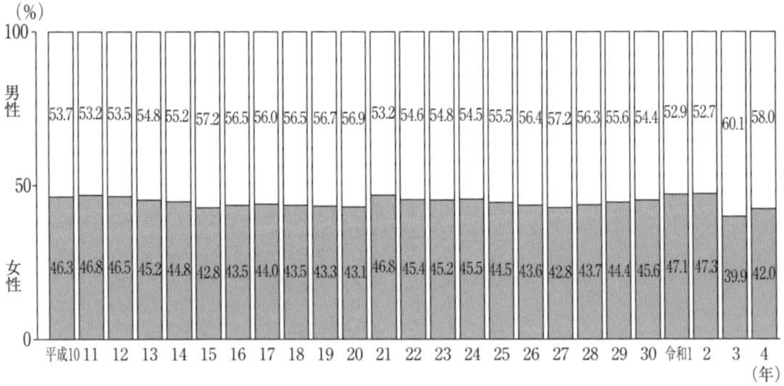

資料：国土交通省観光庁「観光白書」（平成 10 ～ 29 年）
　　　出入国在留管理庁「出入国管理統計」（平成 30 ～令和 4 年）

海外旅行者の性別・年齢階層別推移

（単位：人）

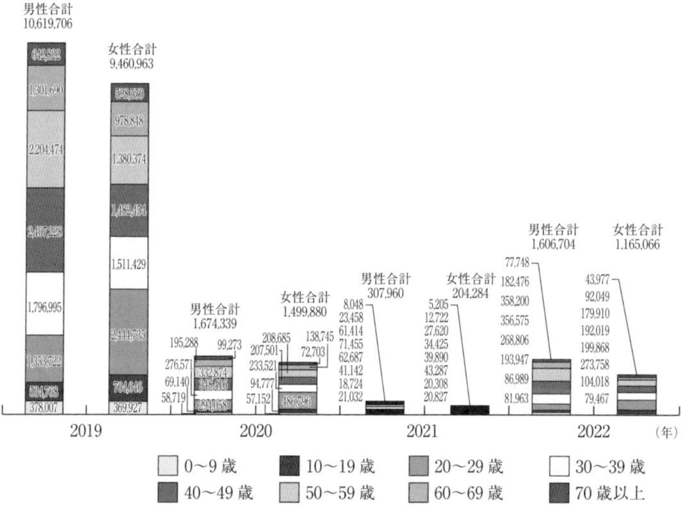

資料：出入国在留管理庁「出入国管理統計」

出国日本人数　有効旅券数 2015-2022 年別推移

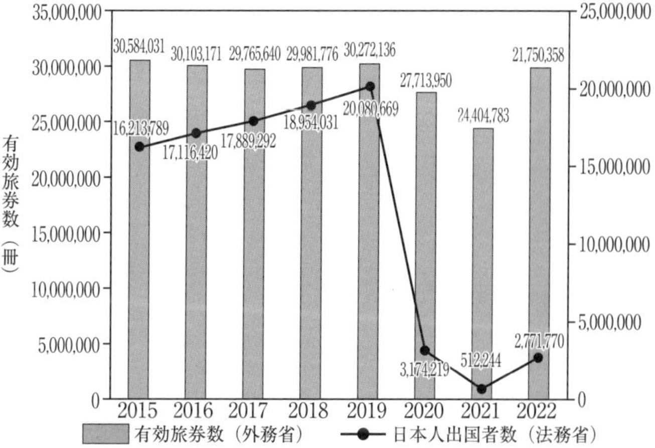

出典：外務省「旅券統計」
　　　出入国在留管理庁「出入国管理統計」

各国・地域別 日本人訪問者数（日本から各国・地域への到着者数）

	訪問先	基準	'17（平29）		'18（平30）		'19（令1）		'20（令2）		'21（令3）	
			人	増減率(%)	人	増減率(%)	人	増減率(%)	人	増減率(%)	人	増減率(%)
アジア	中国	VFN	2,680,033	3.6	2,689,662	0.4	2,676,334	－0.5				
	韓国	VFN	2,311,447	0.6	2,948,527	27.6	3,271,706	11.0	430,742	－86.8	15,265	－96.5
	台湾	VFR	1,898,854	0.2	1,969,151	3.7	2,167,952	10.1	269,659	－87.6	10,056	－96.3
	タイ	TFN	1,544,442	7.3	1,655,996	7.2	1,806,438	9.1	320,331	－82.3	9,461	－97.0
	シンガポール	VFR	792,873	1.1	829,676	4.6	884,308	6.6	125,879	－85.8	5,920	－95.3
	ベトナム	VFR	798,119	7.8	826,674	3.6	951,962	15.2	205,274	－78.4	9,300	－95.5
	香港	TFR	813,207	17.4	852,192	4.8	660,883	－22.4	23,341	－96.5	334	－98.6
	インドネシア	VFN	573,310	5.1	530,573	－7.5	519,623	－2.1	92,228	－82.3	5,952	－93.5
	フィリピン	TFR	584,180	9.1	631,821	8.2	682,788	8.1	136,664	－80.0	15,024	－89.0
	マレーシア	TFN	392,777	－5.1	394,540	0.4	424,694	7.6	74,383	－82.5	3,114	－95.8
	マカオ	THSR	190,267	3.0	188,917	－0.7	192,156	1.7	15,201	－92.1	485	－96.8
	インド	VFN	222,527		236,236	6.2	238,903	1.1	48,191	－79.8	15,358	－68.1
	カンボジア	TFR	203,373	6.2	210,471	3.5	207,636	－1.3	41,257	－80.1	2,011	－95.1
	ミャンマー	TFN	101,484	0.7	104,376	2.8	125,706	20.4	26,100	－79.2	1,171	－95.5
	ラオス	VFN	32,064	－34.8	38,985	21.6	41,736	7.1	11,085	－73.4		
	スリランカ	TFN	47,308	6.0	49,038	3.7	31,441	－35.9	7,610	－75.8	392	－94.8
	モルジブ	TFN	41,133	3.1	42,304	2.8	44,251	4.6	8,479	－80.8	937	－88.9
	ネパール	TFN	27,326	18.9	29,768	8.9	30,534	2.6	5,599	－81.7	784	－86.0
	モンゴル	TFN	22,519	12.7	20,990	－6.8	24,419	16.3	1,131	－95.4	377	－66.7
	ブルネイ	TFN	5,191	16.0	5,360	3.3	10,680	99.3	2,135	－80.0	81	－96.2
	トルコ	VFN	49,323	10.4	81,931	66.1	103,320	26.1	19,122	－81.5	7,153	－62.6
	サウジアラビア	TFN	13,621	－19.7	22,497	65.2	38,357	70.5	1,901	－95.0	1,413	－25.7
	イスラエル	TFR	17,067	43.5	19,568	14.7	26,063	33.2	3,538	－86.4	769	－78.3
	イラン	VFN	13,370	28.6	7,631	－42.9	5,736	－24.8	232	－96.0	169	－27.2
	ヨルダン	TFN	7,509	9.9	9,770	30.1	11,794	20.7	2,138	－81.9	618	－71.1
	クウェート	VFN	5,601	3.0	5,500	－1.8	5,207	－5.3	865	－83.4	309	－64.3
オセアニア	グアム	TFR	620,376	－16.8	566,588	－8.7	687,566	21.4	144,291	－79.0	4,184	－97.1
	豪州	VFR	434,500	4.0	469,233	8.0	498,645	6.3	91,701	－81.6	1,864	－98.0
	ニュージーランド	VFR	102,048	1.3	99,784	－2.2	97,682	－2.1	25,784	－73.6	561	－97.8
	北マリアナ諸島	VFN	50,944	－16.5	27,291	－46.4	17,121	－37.3	9,870	－42.4	54	－99.5
	パラオ	TFN	26,031	－11.0	22,416	－13.9	19,742	－11.9	5,762	－70.8	162	－97.2
	ニューカレドニア	TFR	21,839	3.3	21,472	－1.7	21,707	1.1	5,068	－76.7	14	－99.7
	仏領ポリネシア	TFR	12,808	5.2	9,912	－22.6	8,176	－17.5	1,071	－86.9	23	－97.9
	フィジー	TFR	6,350	1.2	11,903	87.4	14,868	24.9	2,252	－84.9	233	－89.7
アフリカ	エジプト	VFN	32,743	75.6	41,807	27.7	52,409	25.4	13,936	－73.4		
	モロッコ	TFN	32,498	38.5	35,450	9.1	39,445	11.3	9,635	－75.6	927	－90.4
	南アフリカ共和国	TFR	27,410	6.2	27,541	0.5	28,388	3.1	5,236	－81.6	1,194	－77.2
	ジンバブエ	VFR	34,214	51.6	32,014	－6.4	20,766	－35.1	2,381	－88.5	145	－93.9
	ニジェール	TFN	8,253	8.0	7,887	－4.4	9,648	22.3	4,290	－55.5		
	ザンビア	TFR	7,944	7.1	8,390	5.6	8,231	－1.9	1,235	－85.0	333	－73.0
	タンザニア	VFR	6,888	22.3	7,393	7.3	6,257	－15.4	2,378	－62.0	596	－74.9
	チュニジア	TFN	1,875	36.0	5,454	190.9	8,061	47.8	1,800	－77.7	517	－71.3
	エチオピア	TFR	5,713	14.1	5,024	－12.1	4,800	－4.5	856	－82.2	438	－48.8
	ナイジェリア	VFN	8,386	－ 28.1	8,294	－ 1.1	8,223	－ 0.9	2,435	－ 70.4	2,707	11.2
ヨーロッパ	ドイツ	TCER	584,871	7.3	613,248	4.9	614,638	0.2	95,782	－84.4	28,001	－70.8
	スペイン	TFR	444,518	－4.1	547,182	23.1	677,659	23.8	112,916	－83.3	29,368	－74.0
	フランス	TFR	484,580	17.8	540,169	11.5						
	イタリア	TFN	385,971	－4.4	384,004	－0.5	372,979	－2.9	83,839	－77.5	14,350	－82.9
	英国	VFR	433,196	17.9	428,952	－1.0	388,839	－9.4			10,154	
	オーストリア	TCER	208,248	－0.2	220,198	5.7	256,355	16.4	36,849	－85.6	5,509	－85.0
	スイス	THSR	227,010	14.9	211,945	－6.6	212,617	0.3	17,138	－91.9	5,714	－66.7
	クロアチア	TCER	142,043	17.4	159,574	12.3	150,217	－5.9	7,360	－95.1	4,770	－35.2
	フィンランド	TCER	124,548	8.8	113,000	－9.3	119,104	5.4	26,201	－78.0	5,897	－77.5
	ポルトガル	TCER	143,912	24.3	141,532	－1.7	145,033	2.5	31,188	－78.5	6,023	－80.7
	オランダ	THSR	117,000	10.4	119,000	1.7	131,000	10.1	22,000	－83.2	11,000	－50.0
	チェコ	TCEN	114,955	8.7	129,119	12.3	147,760	14.4	25,301	－82.9	5,221	－79.4
	ポーランド	TCER	68,370	2.0	63,690	－6.8	67,632	6.2	10,254	－84.8	4,976	－51.5
	ロシア	VFN	101,827	20.3	105,251	3.4	112,286	6.7	12,822	－88.6		
	ノルウェー	TCER	79,243	1.5	58,623	－26.0	55,092	－6.0	3,951	－92.8	1,399	－64.6
	ハンガリー	TCEN	66,234	20.2	66,239	0.0	67,131	1.3	11,369	－83.1	3,251	－71.4
	ベルギー	TCER	68,253	35.8	84,508	23.8	92,207	9.1	14,428	－84.4	5,272	－63.5

	訪問先	基準	'17（平29）		'18（平30）		'19（令1）		'20（令2）		'21（令3）	
			人	増減率(%)	人	増減率(%)	人	増減率(%)	人	増減率(%)	人	増減率(%)
ヨーロッパ	スウェーデン	TCER	47,536	2.4	46,004	－3.2	46,559	1.2	5,598	－88.0	3,008	－46.3
	スロベニア	TCEN	33,250	－0.9	36,138	8.7	33,916	－6.1	2,549	－92.5	1,705	－33.1
	エストニア	TCER	28,831	20.4	31,786	10.2	30,256	－4.8	2,816	－90.7	604	－78.6
	ラトビア	TCER	24,576	6.0	29,534	20.2	20,416	－30.9	2,358	－88.5	396	－83.2
	リトアニア	TCER	23,028	1.6	28,158	22.3	27,318	－3.0	2,066	－92.4	517	－75.0
	アイスランド	TFN	22,397	0.1	19,137	－14.6	18,512	－3.3	5,578	－69.9	1,126	－79.8
	デンマーク	TCER	37,325	72.6	39,279	5.2	90,393	130.1	8,186	－90.9	5,087	－37.9
	ブルガリア	VFR	14,898	－0.8	12,250	－17.8	12,024	－1.8	1,897	－84.2	1,213	－36.1
	ルーマニア	VFR	15,296	8.8	15,939	4.2	15,631	－1.9	2,668	－82.9	1,878	－29.6
	サンマリノ	VFN	6,761	－13.3	7,087	4.8	9,804	38.3	699	－92.9		
	ルクセンブルク	TCER	6,673	－9.5	6,541	－2.0	7,574	15.8	2,166	－71.4	5,167	138.6
	スロバキア	TCEN	7,555	3.9	7,474	－1.1	9,691	29.7	1,651	－83.0	660	－60.0
	ウクライナ	TFR	7,435	12.7	10,318	38.8	9,784	－5.2	4,629	－52.7	1,543	－66.7
	ボスニア・ヘルツェゴビナ	TCER	6,652	8.4	7,884	18.5	10,610	34.6	447	－95.8	298	－33.3
	ジョージア	VFR	5,969	12.0	8,236	38.0	9,413	14.3	1,101	－88.3	547	－50.3
	セルビア	TCEN	5,769	10.0	6,486	12.4	7,110	9.6	975	－86.3	1,129	15.8
	アルバニア	VFN	5,483	62.0	6,405	16.8	6,543	2.2	512	－92.2	529	3.3
	カザフスタン	VFR	8,682	47.4	8,257	－4.9	9,721	17.7	723	－92.6	423	－41.5
	ギリシャ	TCER	62,877	22.4	93,324	48.4	110,368	18.3	11,016	－90.0	4,436	－59.7
北米	米国	TFR	3,595,607	－0.2	3,493,313	－2.8	3,752,980	7.4	696,727	－81.4	121,519	－82.6
	（ハワイ州）	TFR	1,525,343	2.5	1,489,778	－2.3	1,576,205	5.8	289,137	－81.7	24,232	－91.6
	カナダ	VFR	311,324	－3.4	260,755	－16.2	260,374	－0.1	31,626	－87.9	11,473	－63.7
	メキシコ	TFN	151,043	13.6	156,471	3.6	153,894	－1.6	41,349	－73.1	27,423	－33.7
中南米	ブラジル	TFR	60,342	－24.3	63,708	5.6	78,914	23.9	20,476	－74.1	1,904	－90.7
	ペルー	TFR	48,171	2.3	47,605	－1.2	40,734	－14.4	9,666	－76.3	1,079	－88.8
	キューバ	VFR	22,020	－0.2	19,311	－12.3	15,545	－19.5	3,799	－75.6	156	－95.9
	ボリビア	TFN	14,487	－10.6	13,638	－5.9	12,980	－4.8	5,586	－57.0	544	－90.3
	チリ	TFN	16,998	7.2	16,511	－2.9	16,691	1.1	4,258	－74.5	220	－94.8
	コロンビア	TFR	7,581	2.4	8,138	7.3	7,506	－7.8	1,694	－77.4	1,116	－34.1
	パナマ	VFR	5,396	16.2	6,153	14.0	4,633	－24.7	1,100	－76.3	690	－37.3
	コスタリカ	TFN	5,955	10.3	6,460	8.5	6,692	3.6	1,743	－74.0	953	－45.3
	エクアドル	VFN	5,855	22.2	5,553	－5.2	5,826	4.9	1,257	－78.4	513	－59.2
	パラグアイ	TFN	3,761	－19.2	3,198	－15.0	3,349	4.7	837	－75.0	139	－83.4

作成：日本政府観光局（JNTO）／出典：国連世界観光機関（UNWTO）「Japan: Country - specific: Outbound tourism 1995 － 2021（12. 2022）」、各国政府観光局、各国統計局

◆備考

TFN：Arrivals of non － resident tourists at national borders, by nationality
TFR：Arrivals of non － resident tourists at national borders, by country of residence
VFN：Arrivals of non － resident visitors at national borders, by nationality
VFR：Arrivals of non － resident visitors at national borders, by country of residence
TCEN：Arrivals of non － resident tourists in all types of accommodation establishments, by nationality
TCER：Arrivals of non － resident tourists in all types of accommodation establishments, by country of residence

◆注：

●本表には国境到着者数、ホテル到着者数などの統計が混在しており、集計基準が異なるため、同一指標としての比較はできない。特にヨーロッパの比較においては注意を要する。
●米国の数値には、米国本国（全米50州とコロンビア特別区）への入国者の他、北マリアナ諸島、グアム、米領サモア、プエルトリコ、米領バージン諸島などの地域への入域者が含まれる。
●ハワイ州の数値は米国の内数である。
●サイパンは北マリアナ諸島に属する。
●各国の数値は、統計基準の変更、数値の非整合性などの理由により、その都度、過去にさかのぼって変更されることがある。数値は、2022年12月現在のものである。

資料：日本政府観光局（JNTO）

都道府県別海外旅行者数と出国率

都道府県名	人口	出国者数(2021)	出国者数(2022)	対前年増減比率	構成比 (2022)	出国率 (2022)
合　　計	125,416,877	512,244	2,771,770	441.1	100.0	2.2
北海道	5,139,913	4,872	35,830	635.4	1.3	0.7
青森県	1,225,497	833	4,628	455.6	0.2	0.4
岩手県	1,189,670	909	4,665	413.2	0.2	0.4
宮城県	2,257,472	3,156	17,931	468.2	0.6	0.8
秋田県	941,021	670	3,706	453.1	0.1	0.4
山形県	1,042,396	994	5,063	409.4	0.2	0.5
福島県	1,818,581	1,748	9,615	450.1	0.3	0.5
茨城県	2,879,808	6,110	35,483	480.7	1.3	1.2
栃木県	1,929,434	4,797	21,819	354.8	0.8	1.1
群馬県	1,930,976	3,714	18,049	386.0	0.7	0.9
埼玉県	7,381,035	19,338	123,816	540.3	4.5	1.7
千葉県	6,310,075	20,740	133,809	545.2	4.8	2.1
東京都	13,841,665	114,743	710,686	519.4	25.6	5.1
神奈川県	9,212,003	46,686	275,340	489.8	9.9	3.0
新潟県	2,163,908	2,471	12,049	387.6	0.4	0.6
富山県	1,028,440	1,857	8,220	342.6	0.3	0.8
石川県	1,117,303	2,152	10,792	401.5	0.4	1.0
福井県	759,777	1,096	6,524	495.3	0.2	0.9
山梨県	812,615	1,699	9,250	444.4	0.3	1.1
長野県	2,043,798	3,857	19,061	394.2	0.7	0.9
岐阜県	1,982,294	3,620	20,557	467.9	0.7	1.0
静岡県	3,633,773	10,424	47,655	357.2	1.7	1.3
愛知県	7,512,703	31,073	137,418	342.2	5.0	1.8
三重県	1,772,427	4,008	19,062	375.6	0.7	1.1
滋賀県	1,413,989	4,841	23,784	391.3	0.9	1.7
京都府	2,501,269	8,346	51,951	522.5	1.9	2.1
大阪府	8,784,421	25,425	176,192	593.0	6.4	2.0
兵庫県	5,459,867	17,176	104,234	506.9	3.8	1.9
奈良県	1,325,385	3,264	20,551	529.6	0.7	1.6
和歌山県	924,469	1,035	7,161	591.9	0.3	0.8
鳥取県	546,558	434	2,775	539.4	0.1	0.5
島根県	658,809	435	2,697	520.0	0.1	0.4
岡山県	1,865,478	2,786	16,337	486.4	0.6	0.9
広島県	2,770,623	6,380	29,734	366.1	1.1	1.1
山口県	1,326,218	1,795	9,327	419.6	0.3	0.7
徳島県	718,879	755	4,930	553.0	0.2	0.7
香川県	956,787	1,068	6,929	548.8	0.2	0.7
愛媛県	1,327,185	1,670	9,033	440.9	0.3	0.7
高知県	684,964	466	3,591	670.6	0.1	0.5
福岡県	5,104,921	8,030	65,555	716.4	2.4	1.3
佐賀県	806,877	758	5,593	637.9	0.2	0.7
長崎県	1,306,060	1,679	9,447	462.7	0.3	0.7
熊本県	1,737,946	3,006	14,137	370.3	0.5	0.8
大分県	1,123,525	1,079	7,334	579.7	0.3	0.7
宮崎県	1,068,838	909	5,457	500.3	0.2	0.5
鹿児島県	1,591,699	1,153	8,210	612.1	0.3	0.5
沖縄県	1,485,526	3,211	17,247	437.1	0.6	1.2
外　　国	−	124,524	477,545	283.5	17.2	−
不　　詳	−	452	991	119.2	0.0	−

資料：出入国在留管理庁「出入国管理統計」、総務省「住民基本台帳に基づく人口、人口動態及び世帯数（令和５年１月１日現在）」

空港（海港）別日本人出国者数（2022年）

2022年	日本人出国者数	対前年増減率	構成比（%）
総数	2,771,770	441.1	100.0
空港計	2,769,788	441.1	99.9
成田	1,230,519	417.3	44.4
関西	324,866	638.8	11.7
中部	83,680	927.1	3.0
新千歳	4,679	233850.0	0.2
仙台	2	−	0.0
羽田	1,037,314	376.3	37.4
広島	0	−	0.0
福岡	83,608	2257.8	3.0
那覇	3,693	14103.8	0.1
その他	1,427	173.9	0.1

2022年	日本人出国者数	対前年増減率	構成比（%）
海港計	1,982	463.1	0.1
東京	75	650.0	0.0
横浜	38	58.3	0.0
大阪	109	−	0.0
神戸	0	−	0.0
関門(下関)	117	3800.0	0.0
博多	1,219	−	0.0
那覇	4	-81.8	0.0
その他	420	46.3	0.0

出典：出入国在留管理庁「出入国管理統計」

日本に発着した国際旅客数の推移及び国内航空企業のシェア

単位：千人

年度	計	
	旅行客	シェア
2015	76,278	25%
	18,852	
2016	83,945	25%
	21,053	
2017	93,332	24%
	22,386	
2018	100,194	23%
	23,396	

年度	計	
	旅行客	シェア
2019	92,705	23%
	21,434	
2020	1,670	49%
	812	
2021	2,930	60%
	1,761	
2022	28,179	34%
	9,514	

注：　上段：総数　下段：国内航空企業による輸送実績
資料：（一財）航空振興財団「数字でみる航空 2023」

8

日本発国際線週間航空便数と週間提供座席数

●航空便数

空港			2018年冬		2019年夏		2019年冬		2020年夏		2020年冬	
成　田	便数	座席数	2,776	387,357	2,935	409,595	2,938	420,218	233	29,433	424	59,640
	前期比	前期比	105.4	100.8	105.2	103.8	105.8	108.5	7.9	7.2	14.4	14.2
羽　田	便数	座席数	1,450	201,866	1,524	209,562	1,519	212,937	63	9,474	162	23,259
	前期比	前期比	107.3	104.4	107.4	105.6	104.8	105.5	4.1	4.5	10.7	10.9
関　西	便数	座席数	1,985	267,219	2,191	302,512	2,108	288,757	19	2,723	78	10,443
	前期比	前期比	117.4	106.0	118.0	115.0	106.2	108.1	0.9	0.9	3.7	3.6
中　部	便数	座席数	571	68,765	693	88,943	709	91,525	期間中運航便なし		9	1,090
	前期比	前期比	117.2	108.8	122.7	132.3	124.2	133.1			1.3	1.2
福　岡	便数	座席数	602	77,190	618	78,227	538	64,283	6	927	12	1,556
	前期比	前期比	124.6	114.2	111.0	108.1	89.4	83.3	1.0	1.2	2.2	2.4
総合計	便数	座席数	8,439	1,146,036	9,111	1,243,531	8,713	1,200,136	321	42,557	685	95,988
	前期比	前期比	113.8	105.9	111.5	110.0	103.2	104.7	3.5	3.4	7.9	8.0
			2018年11月調査		2019年6月調査		2019年11月調査		2020年6月調査		2020年11月調査	

空港			2021年夏		2021年冬		2022年夏		2022年冬		2023年夏	
成　田	便数	座席数	442	64,690	561	80,524	801	119,596	1,273	194,094	1,825	287,161
	前期比	前期比	189.7	219.8	132.3	135.0	181.2	184.9	226.9	241.0	227.8	240.1
羽　田	便数	座席数	258	36,565	277	39,577	348	47,872	866	122,745	1,480	217,576
	前期比	前期比	409.5	386.0	171.0	170.2	134.9	130.9	312.6	310.1	425.3	454.5
関　西	便数	座席数	72	10,234	91	13,434	151	21,783	522	84,748	1,169	187,422
	前期比	前期比	378.9	375.8	116.7	128.6	209.7	212.8	573.6	630.8	774.2	860.4
中　部	便数	座席数	14	1,884	27	4,110	60	8,143	104	15,006	209	30,278
	前期比	前期比	−	−	300.0	377.1	428.6	432.2	385.2	365.1	348.3	371.8
福　岡	便数	座席数	10	1,271	18	2,137	43	5,415	285	45,246	484	74,751
	前期比	前期比	166.7	137.1	150.0	137.3	430.0	426.0	1,583.3	2,117.3	1,125.6	1,380.4
総合計	便数	座席数	796	114,644	974	139,782	1,403	202,809	3,129	476,209	5,515	849,873
	前期比	前期比	248.0	269.4	142.2	145.6	176.3	176.9	321.3	340.7	393.1	419.1
			2021年6月調査		2021年11月調査		2022年6月調査		2022年11月調査		2023年6月調査	

注：定期旅客便のみ
資料：(株) トラベルジャーナル「週刊トラベルジャーナル」

●提供座席数

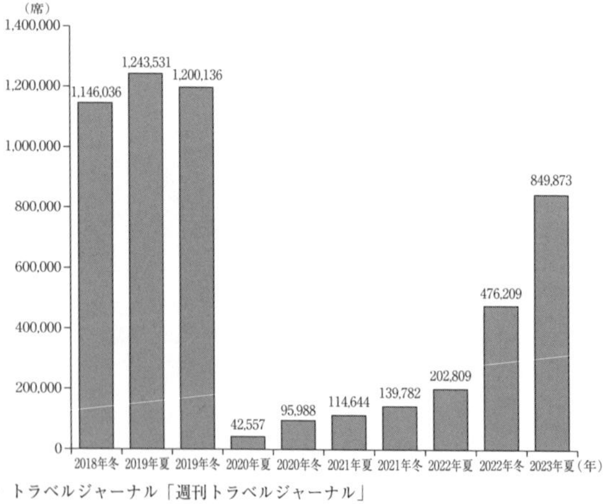

資料：(株) トラベルジャーナル「週刊トラベルジャーナル」

外航クルーズ乗客数の推移

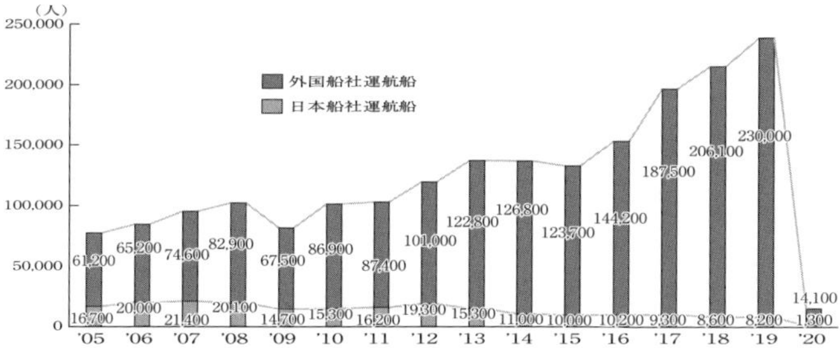

注：1　日本発着クルーズの他、フライ＆クルーズを含む。
　　2　端数処理のため合計値があわない場合がある。
　　3　外航クルーズ…乗船地、下船地及び寄港地のいずれかに海外が含まれるもの。
　　　 国内クルーズ…乗船地、下船地及び寄港地の全てが日本国内であるもの。

資料：国土交通省海事局 / 港湾局　「2020 年の我が国のクルーズ人口等の動向について」

外航クルーズエリア別乗客数及び海域別シェア

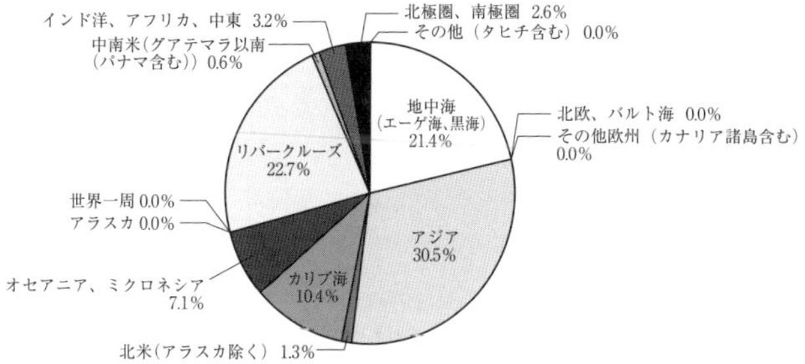

資料：国土交通省海事局 / 港湾局　「2020 年の我が国のクルーズ人口等の動向について」

国内クルーズ泊数別乗客数の推移

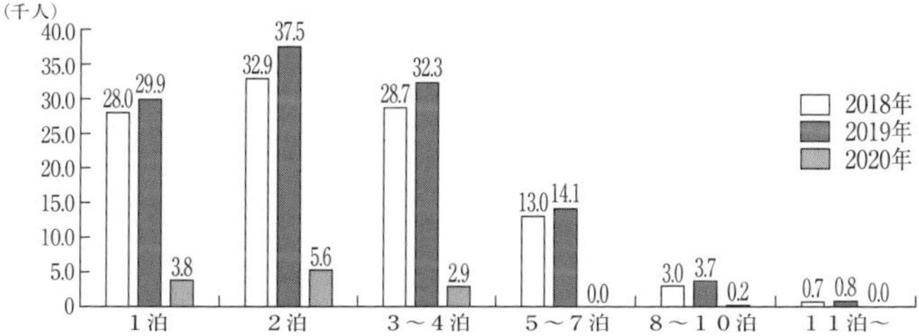

資料：国土交通省海事局 / 港湾局　「2020 年の我が国のクルーズ人口等の動向について」

8

観光地域づくり法人（DMO）とは

地域の多様な関係者を巻き込みつつ、科学的アプローチを取り入れた観光地域づくりを行うかじ取り役となる法人。その管轄区域から「広域連携DMO」「地域連携DMO」「地域DMO」の３つに区分される。

都道府県別登録観光地域づくり法人（登録DMO）の件数

都道府県	広域連携	地域連携	地域	都道府県	広域連携	地域連携	地域
北海道	1	7	13	滋賀県	2	2	1
青森県	1	4	1	京都府	1	5	2
岩手県	1	2	4	大阪府	1	2	2
宮城県	1	3	1	兵庫県	2	4	2
秋田県	1	3	4	奈良県	1	1	2
山形県	1	3	2	和歌山県	1	3	7
福島県	2	1	5	鳥取県	2	3	0
茨城県	1	2	0	島根県	1	2	1
栃木県	1	1	4	岡山県	1	2	4
群馬県	1	3	5	広島県	1	2	4
埼玉県	1	2	3	山口県	1	2	4
千葉県	1	0	7	徳島県	3	3	2
東京都	1	0	1	香川県	2	1	1
神奈川県	1	3	4	愛媛県	2	3	3
新潟県	2	3	6	高知県	1	5	1
富山県	1	2	1	福岡県	1	3	9
石川県	1	2	5	佐賀県	1	0	3
福井県	2	2	3	長崎県	1	1	4
山梨県	1	2	1	熊本県	1	4	4
長野県	2	8	9	大分県	1	3	1
岐阜県	1	3	5	宮崎県	1	2	3
静岡県	1	4	2	鹿児島県	1	2	2
愛知県	1	2	3	沖縄県	1	1	6
三重県	2	3	7	登録件数	10	108	164

令和５年９月26日現在

注：１つのDMOが複数の都道府県を管轄とする場合、該当するすべての都道府県においてそれぞれ１とカウントした。

資料：国土交通省観光庁HP「観光地域づくり法人（DMO）」（https://www.mlit.go.jp/kankocho/page04_000053.html）
国土交通省観光庁「登録観光地域づくり法人（登録DMO）　登録一覧（282件）」（令和５年９月26日現在）
（資料をもとに（公社）日本観光振興協会にて編集。）

宿泊税の導入自治体一覧

自治体	宿泊料金 （1人1泊）	税率	施行日	令和3年度 決算額 （百万円）
東京都（注1）	10,000円以上 15,000円未満	100円	2002.10.1	251
	15,000円以上	200円		
大阪府	7,000円以上 15,000円未満	100円	2017.1.1	351
	15,000円以上 20,000円未満	200円		
	20,000円以上	300円		
京都府京都市（注2）	20,000円未満	200円	2018.10.1	1,628
	20,000円以上 50,000円未満	500円		
	50,000円以上	1,000円		
石川県金沢市	20,000円未満	200円	2019.4.1	491
	20,000円以上	500円		
北海道倶知安町	－	宿泊料金の2%	2019.11.1	67
福岡県 （福岡市・北九州市以外）	一律	200円	2020.4.1	892
福岡県福岡市	20,000円未満	200円 （うち県税50円）	2020.4.1	1,111
	20,000円以上	500円 （うち県税50円）		
福岡県北九州市	一律	200円 （うち県税50円）	2020.4.1	259
長崎県長崎市（注3）	10,000円未満	100円	2023.4.1	－
	10,000円以上 20,000円未満	200円		
	20,000円以上	500円		

令和5年1月現在

注1：東京2020オリンピック・パラリンピック競技大会の開催等に伴い令和2年7月1日～令和3年9月30日まで課税停止

2：修学旅行その他学校行事等に参加する者及びその引率者は課税免除

3：修学旅行その他学校行事に参加・引率する者及びその他市長が認める者は課税免除

資料：総務省自治税務局「令和5年度地方税に関する参考計数資料」に基づき、（公社）日本観光振興協会作成。

観光関係略年表

1893（明 26）	年 3 月	我が国初の外客誘致斡旋機関として「喜賓会」設立
1931（昭　6）	年 8 月	東京飛行場（羽田）開設
'49（昭 24）	年 4 月	単一為替レート設定 1 ドル 360 円
	6 月	運輸省発足、運輸審議会設置、日本国有鉄道発足
	12 月	「国際観光ホテル整備法」公布
'51（昭 26）	年 10 月	官設機関国際同盟（IUOTO）に正式加入
'56（昭 31）	年 4 月	国民宿舎設置始まる
	8 月	「観光事業振興本要綱」閣議決定
'61（昭 36）	年 12 月	運輸省として初めて「観光白書」発表
'62（昭 37）	年 11 月	国民休暇村第 1 号（大山）完成
'63（昭 38）	年 6 月	「観光基本法」制定、総理府に「観光政策審議会」設立
'64（昭 39）	年 4 月	総理府「第 1 回観光白書」発表、海外渡航自由化 日本観光協会設立
	10 月	オリンピック・東京大会開催（10 月 10 日～ 10 月 24 日） 東海道新幹線（東京～新大阪）開業
'65（昭 40）	年 7 月	第 1 回「観光週間」実施、名神高速道全通
'66（昭 41）	年 3 月	「東アジア観光協会」（EATA）設立
	11 月	第 21 回国連総会、1967 年を「国際観光年」に指定
'67（昭 42）	年 1 月	「国際観光年」スタート、記念行事年間を通じ実施
'69（昭 44）	年 5 月	東名高速道（東京～小牧）全通
'70（昭 45）	年 3 月	「日本万国博覧会」（大阪）開催（3 月 15 日～ 9 月 13 日）
	10 月	ディスカバージャパンのキャンペーン開始
'71（昭 46）	年 8 月	金・ドル交換停止、各国変動相場制
	12 月	スミソニアン協定設立、1 ドル 308 円に（20 日実施）
'72（昭 42）	年 2 月	オリンピック・札幌大会開催（2 月 3 日～ 2 月 13 日）
	3 月	山陽新幹線（新大阪～岡山）開業
	5 月	沖縄、米国より返還
'73（昭 48）	年 2 月	円が変動相場制へ移行
	4 月	日曜と祭日が重なる場合の振替休日制度実施
'75（昭 50）	年 1 月	IUOTO、世界観光機関（WTO）に改組 WTO（世界観光機関）憲章発効
	3 月	山陽新幹線（岡山～博多）開業
	7 月	「沖縄国際海洋博覧会」開催（7 月 20 日～ '76 年 1 月 18 日）
'78（昭 53）	年 5 月	新東京国際空港（成田空港）開港
	7 月	日本国政府、世界観光機関（WTO）加盟
'80（昭 55）	年 7 月	オリンピック・モスクワ大会開催、日米独はアフガニスタン問題で不参加
'81（昭 56）	年 3 月	神戸ポートアイランド博覧会（ポートピア '81）開催（3 月 20 日～ 9 月 15 日）

	5月	国鉄が外国人観光客向け「ジャパン・レール・パス」を日本航空の海外支店で発売開始
'82（昭 57）	年6月	東北新幹線（大宮～盛岡）開業
	11月	上越新幹線（大宮～新潟）開業
'83（昭 58）	年4月	「東京ディズニーランド」（千葉県）開業
'84（昭 59）	年7月	「観光政策審議会」は総理府から運輸省へ移管
'85（昭 60）	年3月	東北・上越新幹線上野駅乗入れ
		「国際科学技術博覧会」（茨城県筑波市）開催（3月17日～9月16日）
	10月	関越自動車道全通
'86（昭 61）	年3月	「国際観光モデル地区」一次指定（15地区）
'87（昭 62）	年4月	日本国有鉄道分割民営化
	6月	「総合保養地域整備法・同施行令」公布・施行
		「国際観光モデル地区」二次指定（18地区）
	9月	海外旅行倍増計画（テン・ミリオン計画）の策定
'88（昭 63）	年3月	青函トンネル開通
	4月	神戸大橋開通
		「国際コンベンション・シティ」指定
		90年代観光振興行動計画（TAP90's）の策定
'89（昭64・平1）	年1月	昭和天皇崩御
		国の行政機関、土曜隔週閉庁始まる
	2月	金融機関土曜全休始まる
		吉野ヶ里遺跡発見
	4月	消費税導入
'90（平 2）	年4月	「国際花と緑の博覧会」（大阪）開催（4月1日～9月30日）
	11月	日本人海外旅行者が1,000万人、外国人訪日旅行者が300万人を超える
'91（平 3）	年1月	湾岸地域における軍事衝突発生
	4月	労働基準法改正（法定労働時間の短縮）
	6月	雲仙普賢岳の噴火、大火砕流発生
		東北・上越新幹線東京駅乗入れ
	7月	観光交流拡大計画（ツー・ウェイ・ツーリズム21）策定
'92（平 4）	年1月	「国際コンベンション・シティ」第二次指定
	3月	「ハウステンボス」（長崎）開業
		東海道新幹線「のぞみ」登場
	4月	観光事業振興助成交付金制度始まる
	5月	国家公務員完全週休2日制スタート
	6月	「地域伝統芸能等活用法」制定
	7月	山形新幹線（東京～山形）開業
	9月	学校週休5日制（第二土曜休業）の実施
	12月	地域伝統芸能活用センター設立
		新東京国際空港第2旅客ターミナル供用開始

9

'93（平 5）	年 2 月	総合保養地域整備研究会より「今後のリゾート整備のあり方について」提言
	4 月	新「国際観光ホテル整備法」施行
	7 月	フェニックスリゾート「シーガイア」（宮崎）開業
		北海道南西沖地震発生
	9 月	東京国際空港（羽田）新ターミナル供用開始
	10 月	第 1 回「地域伝統芸能全国フェスティバル（石川）」開催
	12 月	法隆寺地域の仏教建造物、姫路城、屋久島、白神山地　世界遺産に登録
'94（平 6）	年 4 月	「志摩スペイン村」（三重）開業
	6 月	「国際会議等の誘致の促進および開催の円滑化等による国際観光の振興に関する法律（コンベンション法）」制定
	9 月	コンベンション法施行
		関西国際空港開港
	10 月	コンベンション法に基づく国際会議観光都市の認定（40 都市）
	11 月	世界観光大臣会議を含む「OSAKA ワールド・ツーリズム・フォーラム '94」開催『OSAKA 観光宣言』を採択
	12 月	「国際会議観光都市」追加認定（2 都市）
		古都京都の文化財　世界遺産に登録
'95（平 7）	年 1 月	阪神・淡路大震災発生
	3 月	円高、1 ドル 80 円台に突入
		東京で地下鉄サリン事件発生
	4 月	学校週 5 日制、4 月から第 4 土曜を追加し月 2 回実施へ
		「旅フェア '95」開催（幕張メッセ）
	6 月	観光政策審議会から「今後の観光対策の基本的な方向について」答申
		世界観光機関（WTO）アジア太平洋事務所を大阪に開設
	7 月	高速道路青森から鹿児島・宮崎まで開通
	10 月	「APEC 観光ワーキング・グループ」金沢会議開催
	11 月	パスポートの有効期間の延長
	12 月	白川郷・五箇山の合掌造り集落　世界遺産に登録
'96（平 8）	年 4 月	改正旅行業法施行
		「旅フェア '96」開催（幕張メッセ）
		国際会議観光都市の第二次認定（3 都市）
	5 月	観光政策審議会において「ウエルカムプラン 21（訪日観光交流倍増計画）」を公表
	6 月	改正旅館業法施行
	11 月	民間団体が組織する「祝日三連休化推進会議」発足
	12 月	原爆ドーム、厳島神社　世界遺産に登録
'97（平 9）	年 5 月	「旅フェア '97」開催（インテックス大阪）
	6 月	「外国人観光客の来訪地域の多様化の促進による国際観光の振興に関する法律」公布・施行

	10月	青森県において日本初の県全域対象の「あおもりウェルカムカード」発行
		長野新幹線開業
'98（平10）年	2月	オリンピック・長野大会開催（2月7日～2月22日）
	4月	神戸淡路鳴門自動車道（明石海峡大橋）開通
		「外客来訪促進計画」の同意（富士箱根伊豆・東海・瀬戸内地区）
		「旅フェア '98」開催（幕張メッセ）
	9月	「外客来訪促進計画」の同意（北海道・関西地区）
	10月	「成人の日」及び「体育の日」をそれぞれ1月及び10月の第2月曜日とする改正祝日法成立
	11月	第1回「広域連携観光振興会議（東北 WAC21）」開催
		「外客来訪促進計画」の同意（北陸・東中四国地区）
	12月	古都奈良の文化財　世界遺産に登録
'99（平11）年	2月	「外客来訪促進計画」の同意（北東北・沖縄地区）
	4月	「旅フェア '99」開催（ナゴヤドーム）
	5月	西瀬戸自動車道「瀬戸内しまなみ海道」開通
	7月	国際会議観光都市の第三次認定（4都市）
	8月	「外客来訪促進計画」の同意（南東北地区）
	11月	第2回「広域連携観光振興会議（北陸 WAC21）」開催
	12月	日光の社寺　世界遺産に登録
		「観光産業振興フォーラム」発足
2000（平12）年	1月	「成人の日」及び「体育の日」をそれぞれ1月及び10月の第2月曜日とする改正祝日法施行
	3月	ジャパンフローラ2000「淡路花博（兵庫）」開催（3月18日～9月17日）
		特別地方消費税廃止
	4月	「全国広域観光振興事業」始まる
		「旅フェア 2000」開催（幕張メッセ）
	5月	「新ウェルカムプラン21」提言（観光産業振興フォーラム　平成12年度総会）
		「日中文化観光交流使節団2000」の派遣
	12月	観光政策審議会から「21世紀初頭における観光振興方策について」答申
		琉球王国のグスク及び関連遺産群　世界遺産に登録
2001（平13）年	1月	「外客来訪促進計画」の同意（九州地区）
	2月	第3回「広域連携観光振興会議（南九州 WAC21）」開催
	3月	「ユニバーサル・スタジオ・ジャパン」開業
	4月	「旅フェア 2001」開催（東京ビッグサイト）
	6月	「国民の祝日に関する法律および老人福祉法の一部を改正する法律」が成立
		平成15年から「海の日」「敬老の日」が月曜日に指定

	9月	米国で同時多発テロ発生
		「東京ディズニーシー」開業
		第14回「世界観光機関総会（日韓共同開催）」開催
	11月	地域紹介・観光ボランティアガイド／全国善意通訳ガイド全国大会（下呂温泉）」合同大会開催
		（社）日本ツーリズム産業団体連合会設立
2002（平14）	年1月	EU12ヵ国でユーロ紙幣・硬貨の流通開始
	4月	「旅フェア2002」開催（幕張メッセ）
	5月	日中友好文化観光交流式典
		新東京国際空港の暫定平行滑走路の供用開始
	6月	「ワールドカップサッカー大会（日韓共催）」開催
	10月	日本航空と日本エアシステムが共同持株会社㈱日本航空システムを設立し、経営統合
	12月	東北新幹線八戸延伸「はやて」開業
		グローバル観光戦略策定
2003（平15）	年1月	ゆとり休暇大使の任命
		観光カリスマ選定はじまる
	2月	訪日旅行ビザ問題研究会提言を発表
	3月	重症急性呼吸器感染症（SARS）の集団発生
		イラク戦争勃発
	4月	ビジット・ジャパン・キャンペーン実施本部開設
		「旅フェア2003」開催（パシフィコ横浜）
	5月	観光立国関係閣僚会議の開催
	7月	観光立国行動計画策定
	8月	沖縄都市モノレール「ゆいれーる」開業
2004（平16）	年2月	観光立国シンポジウム開催
	3月	九州新幹線「つばめ」（新八代～鹿児島中央）開業
	4月	浜名湖花博開催（4月8日～10月11日）
		「旅フェア2004」開催（ナゴヤドーム）
	5月	旅行業法改正法案成立
	6月	「景観緑三法」公布
	7月	紀伊山地の霊場と参詣道　世界遺産に登録
	9月	「2010年訪日外客1,000万人達成へのロードマップ」作成
	12月	スマトラ沖大地震
2005（平17）	年1月	事前旅客情報システム導入
	2月	2月5日～20日を「YOKOSO ！ JAPAN WEEKS」として設定
		中部国際空港開業
	3月	「愛・地球博」開幕
	4月	旅の総合見本市「旅フェア2005」（幕張メッセ）開催（4月22日～24日）
	7月	知床　世界遺産に登録
	8月	つくばエクスプレス開業

2006（平 18）	年 2 月	神戸空港開港
	3 月	新北九州空港開港
	4 月	地域ブランド商標登録開始
	5 月	ジャワ島中部地震発生
	6 月	「旅フェア 2006」開催（幕張メッセ）
	7 月	日中韓観光大臣会合開催
2007（平 19）	年 1 月	「観光立国推進基本法」施行
		国交省「宿泊旅行統計調査」開始
	2 月	観光立国推進全国大会の開催
	4 月	「旅フェア 2007」開催（幕張メッセ）
		「自動車旅行推進機構」発足
	6 月	観光立国推進基本法に基づく「観光立国推進基本計画」まとまる
	7 月	石見銀山遺跡とその文化的景観　世界遺産に登録
		新潟中越沖地震発生
	8 月	世界陸上大阪大会
	10 月	郵政民営化「日本郵政グループ」
2008（平 20）	年 1 月	「観光圏」法を制定
	2 月	秋の「国民の日」確定
	5 月	「観光圏整備法」成立
		中国四川大地震発生
	6 月	「旅フェア 2008」開催　（パシフィコ横浜）
		「大都市観光国際会議」開催
		「エコツーリズムの基本方針」閣議決定
		岩手・宮城内陸地震発生
	7 月	洞爺湖サミット
		「YOKOSO ！ JAPAN シンポジウムイン関東」開催
	10 月	観光庁発足
	11 月	2009 日本香港観光交流年　発表
2009（平 21）	年 3 月	2009 日台観光サミット開催（静岡）
	4 月	新型インフルエンザ発生
	5 月	「旅フェア 2009」開催（パシフィコ横浜）
2010（平 22）	年 3 月	茨城空港開港
	5 月	「旅フェア 2010」開催（幕張メッセ）
	7 月	中国訪日個人観光ビザの基準緩和
	10 月	羽田空港新国際線ターミナル供用開始
	12 月	東北新幹線全線開業
2011（平 23）	年 2 月	ニュージーランド地震発生
	3 月	東日本大震災発生
		九州新幹線全線開業

	4月	日本観光協会と日本ツーリズム産業団体連合会が合併し日本観光振興協会に
	6月	小笠原諸島、平泉－仏国土（浄土）を表す建築・庭園及び考古学的遺産群　世界遺産に登録
	10月	B787 世界初デビュー
2012（平 24）	年3月	「観光立国推進基本法」閣議決定
		LCC 就航開始　ピーチアビエーション、ジェットスタージャパン、エアアジアジャパン
	5月	「東京スカイツリー」開業
	9月	「尖閣諸島国有化」決定
	10月	東京駅丸の内駅舎復原
	11月	「旅フェア日本 2012」開催（池袋サンシャインシティ）
	12月	岩国錦帯橋空港開港
2013（平 25）	年3月	新石垣空港開港
		10 種類の交通系 IC カードが相互利用開始
	4月	日本観光振興協会が公益社団法人化
		東京ディズニーリゾート 30 周年
	6月	富士山－信仰の対象と芸術の源泉　世界遺産に登録
	9月	2020 年東京オリンピック決定
	12月	LCC 就航開始　バニラ・エア
2014（平 26）	年3月	地上 300m 日本一の超高層ビル「あべのハルカス」が全面開業
	4月	消費税が 5%から 8%に増税
		三陸鉄道が全線で運行再開
	6月	富岡製糸工場と絹産業遺産群　世界遺産に登録
		観光立国実現に向けたアクション・プログラム 2014 決定
	9月	ツーリズム EXPO ジャパン初開催
	10月	東海道新幹線開業 50 年
	11月	「和紙」がユネスコ無形文化遺産に決定
2015（平 27）	年3月	北陸新幹線開業
	4月	文化庁が「日本遺産」として 18 件を初認定
	6月	観光立国実現に向けたアクション・プログラム 2015 決定
		日韓国交正常化 50 年
	7月	明治日本の産業革命遺産　製鉄・製鋼、造船、石炭産業　世界文化遺産に登録
	9月	「ツーリズム EXPO ジャパン 2015」開催
	10月	スポーツ庁設置
	11月	観光庁が「日本版 DMO 候補法人」の登録制度を創設
2016（平 28）	年3月	北海道新幹線開業
		ユニバーサル・スタジオ・ジャパン 15 周年
	4月	平成 28 年熊本地震発生

	4月	文化庁が新たに19件を「日本遺産」に認定
		迎賓館赤坂離宮の通年一般公開開始
	5月	観光ビジョンの実現に向けたアクション・プログラム2016決定
		伊勢志摩サミット
	7月	国立西洋美術館がル・コルビュジエの建築作品として世界遺産に登録
		京都迎賓館の通年一般公開開始
		環境省が「国立公園満喫プロジェクト」のモデル事業として全国8つの国立公園を指定
	8月	「山の日」の祝日化開始
	9月	東京ディズニーシー15周年
		「ツーリズムEXPOジャパン2016」開催
	12月	「特定複合観光施設区域の整備の推進に関する法律（IR推進法）」成立
2017（平29）	年2月	プレミアムフライデー実施開始
	4月	「レゴランド・ジャパン」開業
		国鉄民営化30周年
		文化庁が新たに17件を「日本遺産」に認定
	5月	「通訳案内士法及び旅行業法の一部を改正する法律」成立
		観光ビジョンの実現に向けたアクション・プログラム2017決定
	6月	「住宅宿泊事業法（民泊新法）」成立
	7月	「神宿る島」宗像・沖ノ島と関連遺産群　世界遺産に登録
	9月	「ツーリズムEXPOジャパン2017」開催
2018（平30）	年1月	明治150周年
	4月	「国際観光旅客税（出国税）法」成立
		東京ディズニーリゾート35周年
	5月	文化庁が新たに13件を「日本遺産」に認定
	6月	観光ビジョンの実現に向けたアクション・プログラム2018決定
		「住宅宿泊事業法」施行
		長崎と天草地方の潜伏キリシタン関連遺産　世界遺産に登録
	7月	「特定複合観光施設区域整備法（IR整備法）」成立
	9月	北海道胆振東部地震発生
		「ツーリズムEXPOジャパン2018」開催
	10月	豊洲新市場開場
	11月	「来訪神：仮面・仮装の神々」がユネスコ無形文化遺産に決定
	12月	「天皇の即位の日及び即位礼正殿の儀の行われる日を休日とする法律」施行
2019（平31）	年1月	国際観光旅客税（出国税）徴収開始
	3月	「ムーミンバレーパーク」開業
2019（令1）	年5月	新天皇陛下即位　新元号へ
	6月	文化庁が新たに16件を「日本遺産」に認定

	6月	観光ビジョン実現プログラム 2019 決定
		G20 大阪サミット開催
	7月	百舌鳥・古市古墳群　世界遺産に登録
	9月	ラグビーワールドカップ 2019 日本大会開催
		中部国際空港の LCC 向け「第 2 ターミナル」開業
	10月	「ツーリズム EXPO ジャパン 2019」開催
		G20 観光大臣会合開催
2020（令 2）年	1月	新型コロナウイルス感染症の世界的な拡大を受け WHO が「緊急事態」を宣言
	4月	国内の新型コロナウイルス感染症の拡大を受け政府が初めて「緊急事態宣言」発令
	5月	「文化観光拠点施設を中核とした地域における文化観光の推進に関する法律（文化観光推進法）」施行
	6月	文化庁が新たに 21 件を「日本遺産」に認定
	7月	観光ビジョン実現プログラム 2020 決定
		「Go To トラベルキャンペーン」開始
	10月	「ツーリズム EXPO ジャパン 2020」開催
2021（令 3）年	3月	ユニバーサル・スタジオ・ジャパン 20 周年
	7月	東京 2020 オリンピック開催（7月 23 日～8月 8 日）
		奄美大島、徳之島、沖縄島北部及び西表島　北海道・北東北の縄文遺跡群　世界遺産に登録
	8月	東京 2020 パラリンピック開催（8月 24 日～9月 5 日）
	9月	東京ディズニーシー 20 周年
2022（令 4）年	2月	ロシアによるウクライナ軍事侵攻
	5月	沖縄返還 50 年
	9月	「ツーリズム EXPO ジャパン 2022」開催
	10月	観光需要喚起策「全国旅行支援」の実施開始
		鉄道開業 150 年
		円安　一時 1 ドル 150 円突破
	11月	「ジブリパーク」開園
2023（令5）年	3月	文化庁、京都で業務開始（中央省庁初の移転）
		「北海道ボールパーク F ビレッジ」開場
	4月	東京ディズニーリゾート 40 周年
	5月	新型コロナウイルス感染症 5 類に引き下げ
	6月	「ワーナー ブラザース スタジオツアー東京―メイキング・オブ・ハリー・ポッター」開園
	7月	福島第一原子力発電所廃炉作業における処理水の海洋放出開始
	10月	「ツーリズム EXPO ジャパン 2023 大阪・関西」開催

関係省庁等一覧

	〒	所在地	TEL
衆議院	100-8960	千代田区永田町 1-7-1 https://www.shugiin.go.jp/	(03)3581-5111
参議院	100-8961	千代田区永田町 1-7-1 https://www.sangiin.go.jp/	(03)3581-3111
内閣官房	100-8968	千代田区永田町 1-6-1 https://www.cas.go.jp/	(03)5253-2111
内閣府	100-8914	千代田区永田町 1-6-1 https://www.cao.go.jp/	(03)5253-2111
警察庁	100-8974	千代田区霞が関 2-1-2 https://www.npa.go.jp/	(03)3581-0141
金融庁	100-8967	千代田区霞が関 3-2-1 https://www.fsa.go.jp/	(03)3506-6000
総務省	100-8926	千代田区霞が関 2-1-2 https://www.soumu.go.jp/	(03)5253-5111
法務省	100-8977	千代田区霞が関 1-1-1 https://www.moj.go.jp/	(03)3580-4111
外務省	100-8919	千代田区霞が関 2-2-1 https://www.mofa.go.jp/mofaj/	(03)3580-3311
財務省	100-8940	千代田区霞が関 3-1-1 https://www.mof.go.jp/	(03)3581-4111
文部科学省	100-8959	千代田区霞が関 3-2-2 https://www.mext.go.jp/	(03)5253-4111
スポーツ庁	100-8959	千代田区霞が関 3-2-2 https://www.mext.go.jp/sports/	(03)5253-4111
文化庁	602-8959	京都市上京区下長者町通新町西入藪之内町 85-4【京都庁舎】	(075)451-4111
	100-8959	千代田区霞が関 3-2-2【東京庁舎】 https://www.bunka.go.jp/	(03)5253-4111
厚生労働省	100-8916	千代田区霞が関 1-2-2 https://www.mhlw.go.jp/	(03)5253-1111
農林水産省	100-8950	千代田区霞が関 1-2-1 https://www.maff.go.jp/	(03)3502-8111
経済産業省	100-8901	千代田区霞が関 1-3-1 https://www.meti.go.jp/	(03)3501-1511
中小企業庁	100-8912	千代田区霞が関 1-3-1 https://www.chusho.meti.go.jp/	(03)3501-1511
国土交通省	100-8918	千代田区霞が関 2-1-3 https://www.mlit.go.jp/	(03)5253-8111
観光庁	100-8918	千代田区霞が関 2-1-2	(03)5253-8111
総務課	〃	〃	(03)5253-8321
総務課調整室	〃	〃	(03)5253-8703
観光戦略課	〃	〃	(03)5253-8322
観光戦略課観光統計調査室	〃	〃	(03)5253-8325
観光産業課	〃	〃	(03)5253-8330
観光産業課民泊業務適正化指導室	〃	〃	(03)5253-8330
観光産業課旅行業務適正化指導室	〃	〃	(03)5253-8329
参事官（産業競争力強化担当）	〃	〃	(03)5253-8948
国際観光課	〃	〃	(03)5253-8324
国際観光課総合計画室	〃	〃	(03)5253-8324
国際観光課アジア市場推進室	〃	〃	(03)5253-8923
国際観光課欧米豪市場推進室	〃	〃	(03)5253-8923
国際観光課新市場開発室	〃	〃	(03)5253-8923
参事官（国際関係担当）	〃	〃	(03)5253-8922
参事官（外客受入担当）	〃	〃	(03)5253-8972
参事官（MICE 担当）	〃	〃	(03)5253-8938
観光地域振興課	〃	〃	(03)5253-8328
観光地域振興課広域連携推進室	〃	〃	(03)5253-8327
観光地域振興課観光地域政策企画室	〃	〃	(03)5253-8328
観光資源課	〃	〃	(03)5253-8924
観光資源課自然資源活用推進室	〃	〃	(03)5253-8924
観光資源課文化・歴史資源活用推進室	〃	〃	(03)5253-8924
観光資源課新コンテンツ開発推進室	〃	〃 https://www.mlit.go.jp/kankocho/	(03)5253-8924
気象庁	105-8431	港区虎ノ門 3-6-9 https://www.jma.go.jp/	(03)6758-3900
環境省	100-8975	千代田区霞が関 1-2-2 https://www.env.go.jp/	(03)3581-3351
防衛省	162-8801	新宿区市谷本村町 5-1 https://www.mod.go.jp/	(03)5366-3111

国土交通省・運輸局（観光担当）一覧

名　　称	住　　所		TEL	FAX
国土交通省 観光庁	100- 8918	東京都千代田区霞ヶ関 2-1-2 中央合同庁舎 2 号館	(03) 5253-8111（代）	(03) 5253-1632
北海道運輸局観光部 観光企画課 国際観光課 観光地域振興課	060- 0042	札幌市中央区大通西 10 丁目 札幌第 2 合同庁舎 （北海道）	(011) 290-2700（直） 290-2723（直） 290-2722（直）	(011) 290-2702
東北運輸局観光部 観光企画課 国際観光課 観光地域振興課	983- 8537	仙台市宮城野区鉄砲町 1 仙台第 4 合同庁舎 （青森 岩手 宮城 福島 秋田 山形）	(022) 791-7509（直） 791-7510（直） 380-1001（直）	(022) 791-7538
関東運輸局観光部 観光企画課 国際観光課 観光地域振興課	231- 8433	横浜市中区北仲通 5-57 横浜第 2 合同庁舎 （茨城 栃木 群馬 埼玉 千葉 東京 神奈川 山梨）	(045) 211-1255（直） 211-7273（直） 211-7265（直）	(045) 211-7270
北陸信越運輸局観光部 観光企画課 国際観光課 観光地域振興課	950- 8537	新潟市中央区美咲町 1-2-1 新潟美咲合同庁舎 2 号館 （新潟 長野 富山 石川）	(025) 285-9181（直）	(025) 285-9172
中部運輸局観光部 観光企画課 国際観光課 観光地域振興課	460- 8528	名古屋市中区三の丸 2-2-1 名古屋合同庁舎 1 号館 （福井 岐阜 静岡 愛知 三重）	(052) 952-8045（直） 952-8005（直） 952-8009（直）	(052) 952-8087
近畿運輸局観光部 観光企画課 国際観光課 観光地域振興課	540- 8558	大阪市中央区大手前 4-1-76 大阪合同庁舎第 4 号館 （滋賀 京都 大阪 兵庫 奈良 和歌山）	(06) 6949-6466（直） 6949-6796（直） 6949-6411（直）	(06) 6949-6135
中国運輸局観光部 観光企画課 国際観光課 観光地域振興課	730- 8544	広島市中区上八丁堀 6-30 広島合同庁舎第 4 号館 （鳥取 島根 岡山 広島 山口）	(082) 228-8701（直） 228-8702（直） 228-8703（直）	(082) 228-9412
四国運輸局観光部 観光企画課 国際観光課 観光地域振興課	760- 0019	高松市サンポート 3-33 高松サンポート合同庁舎南館 （徳島 香川 愛媛 高知）	(087) 802-6735（直） 802-6736（直） 802-6737（直）	(087) 802-6732
九州運輸局観光部 観光企画課 国際観光課 観光地域振興課	812- 0013	福岡市博多区博多駅東 2-11-1 福岡合同庁舎新館 （福岡 佐賀 長崎 熊本 大分 宮城 鹿児島）	(092) 472-2330（直） 472-2335（直） 472-2920（直）	(092) 472-2334
沖縄総合事務局 運輸部	900- 0006	那覇市おもろまち 2-1-1 那覇第 2 地方合同庁舎 2 号館	(098) 866-1812（直）	(098) 860-2369

注：(　　) は管轄区域

広域組織一覧

組織	〒	所　在　地	TEL	FAX
(公社)北海道観光振興機構	060-0003	北海道札幌市中央区北 3 条西 7-1-1 緑苑ビル 1 階 https://www.visit-hokkaido.jp	(011) 231-0941	(011) 232-5064
(一社)東北観光推進機構	980-0811	宮城県仙台市青葉区一番町 2-2-13 仙建ビル 8 階 https://www.tohokukanko.jp	(022) 721-1291	(022) 721-1293
(一社)関東広域観光機構	222-0033	横浜市港北区新横浜 2-13-4 神交共ビル 4 階 https://tokyoandaroundtokyo.com	(045) 628-9120	(045) 628-9140
(一社)中央日本総合観光機構	450-0002	愛知県名古屋市中村区名駅 4-2-28 名古屋第二埼玉ビル 4 階 https://go-centraljapan.jp/ja/	(052) 602-6651	(052) 756-2727
(一財)関西観光本部	530-0005	大阪府大阪市北区中之島 2-2-2 大阪中之島ビル 7 階 https://kansai.or.jp	(06) 6223-7200	(06) 6223-7205
中国地域観光推進協議会	730-0041	広島県広島市中区小町 4-33 中電ビル 3 号館 3 階　中国経済連合会内 https://www.into-you.jp	(082) 249-2682	(082) 249-2680
(一社)四国ツーリズム創造機構	760-0019	香川県高松市サンポート 2-1 高松シンボルタワータワー棟 3 階 https://shikoku-tourism.com	(087) 813-0431	(087) 813-0312
(一社)九州観光機構	810-0004	福岡県福岡市中央区渡辺通 2-1-82 電気ビル共創館 7 階 https://www.welcomekyushu.jp	(092) 751-2943	(092) 751-2944

都道府県・政令指定都市（※）
観光主管課・東京事務所・東京（観光）案内所一覧

都道府県	〒	第一段　都道府県観光主管課 第二段　東京事務所／東京本部 第三段　東京(観光)案内所／情報発信拠点	TEL	FAX
北海道	060-8588	札幌市中央区北３条西６丁目 観光局観光振興課（観光企画）	(011) 206-6596	(011) 232-4120
	100-0014	千代田区永田町 2-17-17 永田町ほっかいどうスクエア１階	(03) 3581-3411	(03) 3581-3695
	100-0006	千代田区有楽町 2-10-1　東京交通会館３階 北海道どさんこ旅サロン	(03) 6206-3163	(03) 6206-3164
※札幌市	060-8611	札幌市中央区北１条西２丁目 観光・MICE 推進課	(011) 211-2376	(011) 218-5129
青森県	030-8570	青森市長島 1-1-1 誘客交流課	(017) 734-9384	(017) 734-8126
	102-0093	千代田区平河町 2-6-3　都道府県会館７階	(03) 5212-9113	(03) 5212-9114
	102-0071	千代田区富士見 2-3-11　青森県会館１階 あおもり北彩館	(03) 5276-1788	(03) 5276-1789
岩手県	020-8570	盛岡市内丸 10-1 観光・プロモーション室	(019) 629-5574	(019) 623-2001
	104-0061	中央区銀座 5-15-1　南海東京ビル２階	(03) 3524-8283	(03) 3524-8317
	104-0061	中央区銀座 5-15-1　南海東京ビル１階 いわて銀河プラザ	(03) 3524-8282	(03) 3524-8286
宮城県	980-8570	仙台市青葉区本町 3-8-1 観光政策課	(022) 211-2823	(022) 211-2829
	102-0093	千代田区平河町 2-6-3　都道府県会館 12 階	(03) 5212-9045	(03) 5212-9049
	170-0013	豊島区東池袋 1-2-2　東池ビル１階２階 宮城ふるさとプラザ　コ・コ・みやぎ	(03) 5956-3511	(03) 5956-3513
※仙台市	980-8671	仙台市青葉区国分町 3-7-1 観光課	(022) 214-8259	(022) 214-8316
秋田県	010-8572	秋田市山王 3-1-1 観光戦略課	(018) 860-1462	(018) 860-3879
	102-0093	千代田区平河町 2-6-3　都道府県会館７階	(03) 5212-9115	(03) 5212-9116
	102-0093	千代田区平河町 2-6-3　秋田県東京事務所内	(03) 5212-9115	(03) 5212-9116
山形県	990-8570	山形市松波 2-8-1 観光復活推進課	(023) 630-3821	(023) 630-2097
	102-0093	千代田区平河町 2-6-3　都道府県会館 13 階	(03) 5212-9026	(03) 5212-9028
	104-0061	中央区銀座 1-5-10　ギンザファーストファイブビル２階　おいしい山形プラザ内	(03) 5250-1750	(03) 5250-1751
福島県	960-8670	福島市杉妻町 2-16 観光交流課	(024) 521-7286	(024) 521-7888
	102-0093	千代田区平河町 2-6-3　都道府県会館 12 階	(03) 5212-9050	(03) 5212-9195
	103-0022	中央区日本橋室町 4-3-16　柳屋太洋ビル１階 日本橋ふくしま館 MIDETTE（ミデッテ）	(03) 6262-3977	(03) 6262-3978

都道府県	〒	第一段　都道府県観光主管課 第二段　東京事務所／東京本部 第三段　東京(観光)案内所／情報発信拠点	TEL	FAX
茨城県	310-8555	水戸市笠原町 978-6 観光物産課	(029) 301-3617	(029) 301-3629
	102-0093	千代田区平河町 2-6-3　都道府県会館 9 階 東京渉外局	(03) 5212-9088	(03) 5212-9089
栃木県	320-8501	宇都宮市塙田 1-1-20 観光交流課	(028) 623-3210	(028) 623-3306
	102-0093	千代田区平河町 2-6-3　都道府県会館 11 階	(03) 5212-8715	(03) 5210-6825
	131-0045	墨田区押上 1-1-2　東京スカイツリータウンソラマチイーストヤード 4 階　とちまるショップ	(03) 5809-7280	(03) 5809-7281
群馬県	371-8570	前橋市大手町 1-1-1 観光魅力創出課	(027) 226-3381	(027) 223-1197
	102-0093	千代田区平河町 2-6-3　都道府県会館 8 階	(03) 5212-9102	(03) 5212-9103
埼玉県	330-9301	さいたま市浦和区高砂 3-15-1　第 2 庁舎 1 階 観光課	(048) 830-3950	(048) 830-4819
	102-0093	千代田区平河町 2-6-3　都道府県会館 8 階	(03) 5212-9104	(03) 5212-9105
※さいたま市	330-9588	さいたま市浦和区常盤 6-4-4 観光国際課	(048) 829-1365	(048) 829-1944
千葉県	260-8667	千葉市中央区市場町 1-1 観光企画課	(043) 223-2415	(043) 225-7345
	102-0093	千代田区平河町 2-6-3　都道府県会館 14 階	(03) 5212-9013	(03) 5212-9014
※千葉市	260-8722	千葉市中央区千葉港 1-1 観光 MICE 企画課	(043) 245-5282	(043) 245-5669
	102-0093	千代田区平河町 2-4-1 日本都市センター会館 9 階	(03) 3261-6411	(03) 3261-8909
東京都	163-8001	新宿区西新宿 2-8-1　東京都庁第一本庁舎 19 階 観光部企画課	(03) 5320-4765	(03) 5388-1463
	163-8001	新宿区西新宿 2-8-1　東京都庁第一本庁舎 1 階 東京観光情報センター東京都庁	(03) 5321-3077	(03) 5321-3078
神奈川県	231-8588	横浜市中区日本大通 1 観光課	(045) 210-5765	(045) 210-8870
	102-0093	千代田区平河町 2-6-3　都道府県会館 9 階	(03) 5212-9090	(03) 5212-9091
※横浜市	231-0005	横浜市中区本町 6-50-10　市庁舎 30 階 観光振興課	(045) 671-2596	(045) 663-6540
※川崎市	210-0007	川崎市川崎区駅前本町 11-2　川崎フロンティアビル 10 階 川崎市川崎区宮本町 1 番地（2024 年 1 月 15 日移転予定） 観光・地域活力推進部	(044) 200-2327	(044) 200-3920
※相模原市	252-5277	相模原市中央区中央 2-11-15 観光・シティプロモーション課　観光振興班	(042) 769-8236	(042) 753-7831
新潟県	950-8570	新潟市中央区新光町 4-1 観光企画課	(025) 280-5253	(025) 285-5678
	102-0093	千代田区平河町 2-6-3　都道府県会館 15 階	(03) 5212-9002	(03) 5210-9090
	150-0001	渋谷区神宮前 4-11-7　表参道・新潟館ネスパス内　新潟県東京観光センター	(025) 283-1188 ※新潟県観光協会	－
※新潟市	951-8554	新潟市中央区古町通 7 番町 1010 番地 古町ルフル 5 階　観光政策課	(025) 226-2608	(025) 228-6188
	102-0093	千代田区平河町 2-4-1 日本都市センター会館 9 階	(03) 5216-5133	(03) 5216-5134

都道府県	〒	第一段　都道府県観光主管課 第二段　東京事務所／東京本部 第三段　東京(観光)案内所／情報発信拠点	TEL	FAX
長野県	380-8570	長野市大字南長野字幅下 692-2 山岳高原観光課	(026) 235-7250	(026) 235-7257
	102-0093	千代田区平河町 2-6-3　都道府県会館 12 階	(03) 5212-9055	(03) 5212-9196
	104-0061	中央区銀座 5-6-5　NOCO ビル 2 階 銀座 NAGANO 観光情報センター	(03) 6274-6017	(03) 6274-6558
山梨県	400-8501	甲府市丸の内 1-6-1 観光文化・スポーツ総務課	(055) 223-1556	(055) 223-1574
	102-0093	千代田区平河町 2-6-3　都道府県会館 13 階	(03) 5212-9033	(03) 5212-9034
静岡県	420-8601	静岡市葵区追手町 9-6 観光振興課	(054) 221-3637	(054) 221-3627
	102-0093	千代田区平河町 2-6-3　都道府県会館 13 階 ふじのくに大使館 (※東京事務所内に東京観光営業所を設置)	(03) 5212-9035	(03) 5212-9038
※静岡市	420-8602	静岡市葵区追手町 5-1 観光・MICE 推進課	(054) 221-1438	(054) 221-1312
	102-0093	千代田区平河町 2-4-1 日本都市センター会館 9 階	(03) 3556-0865	(03) 3556-0866
※浜松市	430-8652	浜松市中区元城町 103-2 観光・シティプロモーション課	(053) 457-2295	(050) 3730-8899
富山県	930-8501	富山市新総曲輪 1-7 観光振興室	(076) 444-3500	(076) 444-4404
	102-0093	千代田区平河町 2-6-3　都道府県会館 13 階 富山県首都圏本部	(03) 5212-9030	(03) 5212-9029
	103-0022	中央区日本橋室町 1-2-6　日本橋大栄ビル 1F 日本橋とやま館	(03) 6262-2723	(03) 6262-2724
石川県	920-8580	金沢市鞍月 1-1 観光企画課	(076) 225-1127	(076) 225-1129
	102-0093	千代田区平河町 2-6-3　都道府県会館 14 階	(03) 5212-9168	(03) 5212-9018
		中央区八重洲 2024 年 3 月 新規オープン予定		
福井県	910-0004	福井市宝永 2-4-10 観光誘客課	(0776) 20-0380	(0776) 20-0381
	102-0093	千代田区平河町 2-6-3　都道府県会館 10 階	(03) 5212-9074	(03) 5212-9076
	104-0061	中央区銀座 1-5-8　Ginza Willow Avenue BLDG 1 階・地下 1 階	(03) 5159-4291	－
岐阜県	500-8570	岐阜市薮田南 2-1-1 観光国際政策課	(058) 272-8079	(058) 278-2674
	102-0093	千代田区平河町 2-6-3　都道府県会館 14 階	(03) 5212-9020	(03) 5210-6871
愛知県	460-8501	名古屋市中区三の丸 3-1-2 観光振興課	(052) 954-6134	(052) 973-3584
	102-0093	千代田区平河町 2-6-3　都道府県会館 9 階	(03) 5212-9972	(03) 5212-9095
※名古屋市	460-8508	名古屋市中区三の丸 3-1-1 観光推進課	(052) 972-2425	(052) 972-4200

都道府県	〒	第一段　都道府県観光主管課 第二段　東京事務所／東京本部 第三段　東京(観光)案内所／情報発信拠点	TEL	FAX
三重県	514-8570	津市広明町 13　観光総務課	(059) 224-2341	(059) 224-2801
	102-0093	千代田区平河町 2-6-3　都道府県会館 11 階	(03) 5212-9065	(03) 5212-9066
	103-0022	中央区日本橋室町 2-4-1　YUITO ANNEX 1 階・2 階三重テラス	(03) 5542-1035	(03) 5542-1034
滋賀県	520-8577	大津市京町 4-1-1　観光振興局	(077) 528-3741	(077) 528-4877
	102-0093	千代田区平河町 2-6-3　都道府県会館 8 階	(03) 5212-9107	(03) 5212-9108
	103-0027	中央区日本橋 2-7-1 ここ滋賀	(03) 6281-9871	(03) 6281-9877
京都府	602-8570	京都市上京区下立売通新町西入薮ノ内町　観光室	(075) 414-4843	(075) 414-4870
	102-0093	千代田区平河町 2-6-3　都道府県会館 8 階	(03) 5212-9109	(03) 5212-9110
	100-0005	千代田区丸の内 1-8-1　丸の内トラストタワー N 館 1 階　TIC TOKYO 内	(03) 5220-7055	−
※京都市	604-0924	京都市中京区河原町通二条下ル一之船入町 384 ヤサカ河原町ビル 7 階　観光 MICE 推進室	(075) 746-2255	(075) 213-2021
	100-0005	千代田区丸の内 1-6-5 丸の内北口ビルディング 14 階	(03) 6551-2671	(03) 6551-2674
大阪府	559-8555	大阪市住之江区南港北 1-14-16　大阪府咲洲庁舎 37 階　企画・観光課	(06) 6210-9313	(06) 6210-9316
	102-0093	千代田区平河町 2-6-3　都道府県会館 7 階	(03) 5212-9118	(03) 5212-9119
※大阪市	553-0005	大阪市福島区野田 1-1-86　大阪市中央卸売市場本場業務管理棟 12 階　観光課	(06) 6469-5151	(06) 6469-3896
※堺市	590-0078	堺市堺区南瓦町 3-1　観光企画課	(072) 228-7493	(072) 228-7342
	102-0093	千代田区平河町 2-6-3　都道府県会館 7 階 大阪府東京事務所内	(03) 5276-2183	(03) 5276-2587
兵庫県	650-8567	神戸市中央区下山手通 5-10-1　観光振興課	(078) 362-3616	(078) 362-4275
	102-0093	千代田区平河町 2-6-3　都道府県会館 13 階	(03) 5212-9040	(03) 5212-9042
※神戸市	651-0087	神戸市中央区御幸通 6 丁目 1 番 12 号 三宮ビル東館 9 階　観光企画課	(078) 984-0361	(078) 984-0360
奈良県	630-8501	奈良市登大路町 30　ならの観光力向上課	(0742) 27-8051	(0742) 27-1065
	102-0093	千代田区平河町 2-6-3　都道府県会館 9 階	(03) 5212-9096	(03) 5212-9097
	105-0004	港区新橋 1-8-4　SMBC 新橋ビル 1 階・2 階 奈良まほろば館	(03) 5568-7081	(03) 5568-7082
和歌山県	640-8585	和歌山市小松原通 1-1　観光振興課	(073) 441-2777	(073) 432-8313
	102-0093	千代田区平河町 2-6-3　都道府県会館 12 階	(03) 5212-9057	(03) 5212-9059
	100-0006	千代田区有楽町 2-10-1　東京交通会館地下 1 階　わかやま紀州館	(03) 3216-8000	(03) 3216-8002

9

都道府県	〒	第一段　都道府県観光主管課 第二段　東京事務所／東京本部 第三段　東京(観光)案内所／情報発信拠点	TEL	FAX
鳥取県	680-8570	鳥取市東町 1-220 観光戦略課	(0857) 26-7421	(0857) 26-8308
	102-0093	千代田区平河町 2-6-3　都道府県会館 10 階 鳥取県東京本部	(03) 5212-9077	(03) 5212-9079
	105-0004	港区新橋 1-11-7　新橋センタープレイス 1・2 階　とっとり・おかやま新橋館	(03) 3571-0092	(03) 6274-6135
島根県	690-8501	松江市殿町 1 観光振興課	(0852) 22-5292	(0852) 22-5580
	102-0093	千代田区平河町 2-6-3　都道府県会館 11 階	(03) 5212-9070	(03) 5212-9069
	100-0006	千代田区有楽町 1-2-2　日比谷シャンテ地下 1 階　日比谷しまね館	(03) 5860-9845	(03) 5860-9846
岡山県	703-8278	岡山市中区古京町 1-7-36 観光課	(086) 226-7382	(086) 224-2130
	102-0093	千代田区平河町 2-6-3　都道府県会館 10 階	(03) 5212-9080	(03) 5212-9083
	105-0004	港区新橋 1-11-7　新橋センタープレイス 1・2 階　とっとり・おかやま新橋館	(03) 3571-0092	(03) 6274-6135
※岡山市	700-8544	岡山市北区大供 1-1-1 観光振興課	(086) 803-1332	(086) 803-1871
広島県	730-0011	広島市中区基町 5-44　広島商工会議所ビル 8 階 観光課	(082) 555-2010	(082) 555-1223
	105-0001	港区虎ノ門 1-2-8　虎ノ門琴平タワー 22 階	(03) 3580-0851	(03) 5511-8803
	104-0061	中央区銀座 1-6-10 ひろしまブランドショップ TAU	(03) 5579-9952	(03) 5579-9953
※広島市	730-8586	広島市中区国泰寺町 1-6-34 経済観光局観光政策部観光企画担当	(082) 504-2243	(082) 504-2253
	100-0012	千代田区日比谷公園 1-3　市政会館 4 階	(03) 3591-1292	(03) 3504-2804
山口県	753-8501	山口市滝町 1-1 観光政策課	(083) 933-3175	(083) 933-3179
	100-0013	千代田区霞が関 3-3-1　尚友会館 4 階 山口県東京事務所	(03) 3502-3355	(03) 3502-5470
	103-0027	中央区日本橋 2-3-4　日本橋プラザビル 1 階 おいでませ山口館	(03) 3231-1863	(03) 5205-3387
徳島県	770-8570	徳島市万代町 1-1 観光政策課	(088) 621-2339	(088) 621-2851
	102-0093	千代田区平河町 2-6-3　都道府県会館 14 階 徳島県東京本部	(03) 5212-9022	(03) 5212-9023
香川県	760-8570	高松市番町 4-1-10 観光振興課	(087) 832-3361	(087) 835-5210
	102-0093	千代田区平河町 2-6-3　都道府県会館 9 階	(03) 5212-9100	(03) 5212-9101
	105-0004	港区新橋 2-19-10　新橋マリンビル 1・2 階 香川・愛媛せとうち旬彩館	(03) 3574-2028	−

都道府県	〒	第一段　都道府県観光主管課 第二段　東京事務所／東京本部 第三段　東京(観光)案内所／情報発信拠点	TEL	FAX
愛媛県	790-8570	松山市一番町 4-4-2　観光国際課	(089) 912-2491	(089) 912-2489
	102-0093	千代田区平河町 2-6-3　都道府県会館 11 階	(03) 5212-9071	(03) 5212-9072
	105-0004	港区新橋 2-19-10　新橋マリンビル 2 階 香川・愛媛せとうち旬彩館	(03) 5537-1986	(03) 3574-2029
高知県	780-8570	高知市丸ノ内 1-2-20　観光政策課	(088) 823-9606	(088) 823-9256
	100-0011	千代田区内幸町 1-3-3　内幸町ダイビル 7 階	(03) 3501-5541	(03) 3501-5545
	104-0061	中央区銀座 1-3-13　オーブプレミア地下 1 階 「まるごと高知」観光・ふるさと情報コーナー	(03) 3561-4351	(03) 3538-4368
福岡県	812-8577	福岡市博多区東公園 7-7　観光政策課	(092) 643-3419	(092) 643-3431
	102-0083	千代田区麹町 1-12-1　住友不動産ふくおか半蔵門ビル 2 階　福岡県東京事務所	(03) 3261-9861	(03) 3263-7474
※福岡市	810-8620	福岡市中央区天神 1-8-1　観光産業課	(092) 711-4353	(092) 733-5901
※北九州市	802-0001	北九州市小倉北区浅野 3-8-1　AIM ビル 4 階　観光課	(093) 551-8150	(093) 551-8151
佐賀県	840-8570	佐賀市城内 1-1-59　観光課	(0952) 25-7386	(0952) 25-7304
	102-0093	千代田区平河町 2-6-3　都道府県会館 11 階 佐賀県首都圏事務所	(03) 5212-9073	(03) 5215-5231
	102-0093	千代田区平河町 2-6-3　都道府県会館 11 階	(03) 5212-9099	(03) 5215-5231
長崎県	850-8570	長崎市尾上町 3-1　観光振興課	(095) 895-2647	(095) 826-5767
	102-0093	千代田区平河町 2-6-3　都道府県会館 14 階	(03) 5212-9025	(03) 5215-5131
	103-0027	中央区日本橋 2-1-3　アーバンネット日本橋二丁目ビル 1 階　日本橋長崎館（長崎県アンテナショップ）	(03) 3241-1777	－
熊本県	862-8570	熊本市中央区水前寺 6-18 1　観光振興課	(096) 333-2335	(096) 385-7077
	102-0093	千代田区平河町 2-6-3　都道府県会館 10 階	(03) 5212-9084	(03) 5212-9085
	104-0061	中央区銀座 5-3-16　銀座熊本館 2 階	(03) 3572-5021	(03) 3574-6714
※熊本市	860-8601	熊本市中央区手取本町 1-1　観光政策課	(096) 328-2393	(096) 353-2731
大分県	870-8501	大分市大手町 3-1-1　観光政策課	(097) 506-2112	(097) 506-1729
	102-0093	千代田区平河町 2-6-3　都道府県会館 4 階	(03) 6771-7011	(03) 6771-7012
	102-0093	千代田区平河町 2-6-3　都道府県会館 4 階	(03) 6771-7016	(03) 6771-7012
宮崎県	880-8501	宮崎市橘通東 2-10-1　観光推進課	(0985) 26-7104	(0985) 26-7327
	102-0093	千代田区平河町 2-6-3　都道府県会館 15 階	(03) 5212-9007	(03) 5215-5180
	151-0053	渋谷区代々木 2-2-1　新宿サザンテラス 新宿みやざき館 KONNE	(03) 5333-7764	(03) 5333-7765

都道府県	〒	第一段　都道府県観光主管課 第二段　東京事務所／東京本部 第三段　東京(観光)案内所／情報発信拠点	TEL	FAX
鹿児島県	890-8577	鹿児島市鴨池新町 10-1 PR 観光課	(099) 286-2994	(099) 286-5580
	102-0093	千代田区平河町 2-6-3　都道府県会館 12 階	(03) 5212-9060	(03) 5212-9061
	100-0006	千代田区有楽町 1-6-4　千代田ビル 1 階 かごしま遊楽館　観光案内コーナー	(03) 3506-9174	(03) 3506-9559
沖縄県	900-8570	那覇市泉崎 1-2-2 観光振興課	(098) 866-2764	(098) 866-2765
	102-0093	千代田区平河町 2-6-3　都道府県会館 10 階	(03) 5212-9087	(03) 5212-9086
	100-0006	千代田区有楽町 2-10-1　東京交通会館 3 階	(03) 5220-5311	(03) 5220-9720

注：※は政令指定都市観光主管課

都道府県・政令指定都市（※）観光協会（連盟）一覧

名　称	〒	所　在　地	TEL	FAX
(公社)北海道観光振興機構	060-0003	札幌市中央区北3条西7-1-1 緑苑ビル1階	(011) 231-0941	(011) 232-5064
※(一社)札幌観光協会	060-0001	札幌市中央区北1条西2 北海道経済センター4階	(011) 211-3341	(011) 231-1970
(公社)青森県観光国際交流機構	030-0803	青森市安方1-1-40 青森県観光物産館アスパム8階	(017) 722-5080	(017) 735-2067
(公財)岩手県観光協会	020-0045	盛岡市盛岡駅西通2-9-1 マリオス3階	(019) 651-0626	(019) 651-0637
(公社)宮城県観光連盟	980-8570	仙台市青葉区本町3-8-1 宮城県観光プロモーション推進室内	(022) 221-1864	(022) 211-2829
※(公財)仙台観光国際協会	980-0811	仙台市青葉区一番町3-3-20 東日本不動産仙台一番町ビル6階	(022) 268-6251	(022) 268-6252
(一社)秋田県観光連盟	010-8572	秋田市山王3-1-1 秋田県庁第二庁舎1階	(018) 860-2267	(018) 860-3916
(公社)山形県観光物産協会	990-8580	山形市城南町1-1-1 霞城セントラル1階	(023) 647-2333	(023) 646-6333
(公財)福島県観光物産交流協会	960-8053	福島市三河南町1-20 コラッセふくしま7階	(024) 525-4024	(024) 525-4087
(一社)茨城県観光物産協会	310-0011	水戸市三の丸1-5-38 茨城県三の丸庁舎3階	(029) 226-3800	(029) 221-9791
(公社)栃木県観光物産協会	320-0033	宇都宮市本町3-9 本町合同ビル1階	(028) 623-3213	(028) 623-3942
(公財)群馬県観光物産国際協会	371-0026	前橋市大手町2-1-1 群馬会館3階	(027) 243-7271	(027) 243-7275
(一社)埼玉県物産観光協会	330-8669	さいたま市大宮区桜木町1-7-5 ソニックシティビル5階	(048) 647-0500	(048) 647-7745
※(公社)さいたま観光国際協会	330-0803	さいたま市大宮区高鼻町2-1-1 Bibli 2階	(048) 647-8338	(048) 647-0116
(公社)千葉県観光物産協会	260-0015	千葉市中央区富士見2-3-1 塚本大千葉ビル9階	(043) 225-9170	(043) 225-9198
※(公社)千葉市観光協会	260-0026	千葉市中央区千葉港2-1 千葉中央コミュニティセンター10階	(043) 242-0007	(043) 301-0280
(公財)東京観光財団	162-0801	新宿区山吹町346-6 日新ビル6階	(03) 5579-2680	(03) 5579-2685
(公社)神奈川県観光協会	231-8521	横浜市中区山下町1 シルクセンター内	(045) 681-0007	(045) 681-0009
※(公財)横浜観光コンベンション・ビューロー	231-0023	横浜市中区山下町2 産業貿易センター1階	(045) 221-2111	(045) 221-2100
※(一社)川崎市観光協会	212-0013	川崎市幸区堀川町66-20 川崎市産業振興会館8階	(044) 544-8229	(044) 543-5769
※(公社)相模原市観光協会	252-0143	相模原市緑区橋本6-4-15 Flos 橋本3階	(042) 771-3767	(042) 771-3792
(公社)新潟県観光協会	950-8570	新潟市中央区新光町4-1	(025) 283-1188	(025) 283-4345
※(公財)新潟観光コンベンション協会	951-8062	新潟市中央区西堀前通6-894-1 西堀6番館ビル4階	(025) 223-8181	(025) 223-9100
(一社)長野県観光機構	380-0936	長野市中御所岡田町131-4 ホテル信濃路3階	(026) 219-5271	(026) 219-5277
(公社)やまなし観光推進機構	400-0031	甲府市丸の内1-6-1 山梨県庁別館2階	(055) 231-2722	(055) 221-3040

9

名　称	〒	所　在　地	TEL	FAX
(公社)静岡県観光協会	422- 8067	静岡市駿河区南町 14-1 水の森ビル 2 階	(054) 202-5595	(054) 202-5597
※(公財)するが企画観光局	420- 0837	静岡市葵区日出町 1-2 TOKAI 日出町ビル 9 階	(054) 251-5880	(054) 205-3639
※(公財)浜松・浜名湖ツーリズムビューロー	430- 0933	浜松市中区鍛冶町 100-1 ザザシティ浜松中央館 5 階	(053) 458-0011	(053) 458-0013
(公社)とやま観光推進機構	930- 8501	富山市新総曲輪 1-7 県庁南別館 2 階	(076) 441-7722	(076) 431-4193
(公社)石川県観光連盟	920- 8580	金沢市鞍月 1-1 石川県庁舎内	(076) 201-8110	(076) 201-8280
(公社)福井県観光連盟	910- 0004	福井市宝永 2-4-10 福井県宝永分庁舎 2 階	(0776) 23-3677	(0776) 23-3715
(一社)岐阜県観光連盟	500- 8384	岐阜市薮田南 5-14-12 岐阜県シンクタンク庁舎 4 階	(058) 275-1480	(058) 275-1483
(一社)愛知県観光協会	450- 0002	名古屋市中村区名駅 4-4-38 愛知県産業労働センター 1 階	(052) 581-5788	(052) 485-4919
※(公財)名古屋観光コンベンションビューロー	460- 0008	名古屋市中区栄 2-10-19 名古屋商工会議所ビル 11 階	(052) 202-1143	(052) 201-5785
(公社)三重県観光連盟	514- 0009	津市羽所町 700 アスト津 2 階	(059) 224-5904	(059) 224-5905
(公社)びわこビジターズビューロー	520- 0806	大津市打出浜 2-1 「コラボしが 21」6 階	(077) 511-1530	(077) 526-4393
(公社)京都府観光連盟	602- 8570	京都市上京区下立売通新町西入藪ノ内町 府庁 2 号館 3 階	(075) 411-9990	(075) 411-9993
※(公社)京都市観光協会	604- 0924	京都市中京区河原町通二条下ル一之船入町 384 ヤサカ河原町ビル 8 階	(075) 213-1717	(075) 213-1011
(公財)大阪観光局	542- 0081	大阪市中央区南船場 4-4-21 TODA BUILDING 心斎橋 5 階	(06) 6282-5900	(06) 6282-5915
※(公社)堺観光コンベンション協会	590- 0950	堺市堺区甲斐町西 1-1-35	(072) 233-5258	(072) 233-8448
(公社)ひょうご観光本部	650- 8567	神戸市中央区下山手通 5-10-1 兵庫県庁 1 号館 7 階	(078) 361-7661	(078) 361-7662
※(一財)神戸観光局	651- 0087	神戸市中央区御幸通 6-1-12 三宮ビル東館 9 階	(078) 230-0800	(078) 230-0808
(一財)奈良県ビジターズビューロー	630- 8361	奈良市池之町 3 奈良県猿沢イン 3 階	(0742) 23-8288	(0742) 23-8289
(公社)和歌山県観光連盟	640- 8585	和歌山市小松原通 1-1 県庁観光振興課内	(073) 422-4631	(073) 432-8313
(公社)鳥取県観光連盟	680- 0034	鳥取市元魚町 2-201 エステートビルV 5 階	(0857) 39-2111	(0857) 39-2100
(公社)島根県観光連盟	690- 8501	松江市殿町 1 県商工労働部観光振興課内	(0852) 21-3969	(0852) 22-5580
(公社)岡山県観光連盟	700- 0822	岡山市北区表町 1-5-1 岡山シンフォニービル 2 階	(086) 233-1802	(086) 231-5393
※(公社)おかやま観光コンベンション協会	700- 0985	岡山市北区厚生町 3-1-15 岡山商工会議所 6 階	(086) 227-0015	(086) 227-0014
(一社)広島県観光連盟	730- 0011	広島市中区基町 5-44 広島商工会議所ビル 8 階	(082) 221-6516	(082) 222-6768
※(公財)広島観光コンベンションビューロー	730- 0011	広島市中区基町 5-44 広島商工会議所ビル 6 階	(082) 554-1861	(082) 554-1815
(一社)山口県観光連盟	753- 8501	山口市滝町 1-1 山口県庁内	(083) 924-0462	(083) 928-5577

名　称	〒	所　在　地	TEL	FAX
(一財)徳島県観光協会	770-8055	徳島市山城町東浜傍示 1-1	(088) 652-8777	(088) 625-8469
(公社)香川県観光協会	760-8570	高松市番町 4-1-10	(087) 832-3377	(087) 861-4151
(一社)愛媛県観光物産協会	790-0004	松山市大街道 3-6-1 岡崎産業ビル 4 階	(089) 961-4500	(089) 961-4222
(公財)高知県観光コンベンション協会	780-0056	高知市北本町 2-10-10	(088) 823-1434	(088) 873-6181
(公社)福岡県観光連盟	812-8577	福岡市博多区東公園 7-7 福岡県庁 7 階	(092) 645-0019	(092) 645-0020
※(公財)福岡観光コンベンションビューロー	810-0041	福岡市中央区大名 2-5-31 福岡市交通局 4 階	(092) 733-5050	(092) 733-5055
※(公財)北九州観光コンベンション協会	802-0001	北九州市小倉北区浅野 3-8-1 AIM ビル 4 階	(093) 541-4151	(093) 541-4139
(一社)佐賀県観光連盟	840-0041	佐賀市城内 1-1-59	(0952) 26-6754	(0952) 26-7528
(一社)長崎県観光連盟	850-8570	長崎市尾上町 3-1 長崎県庁 5 階	(095) 826-9407	(095) 824-3087
(公社)熊本県観光連盟	862-0950	熊本市中央区水前寺 6-5-19 熊本県庁会議棟 1 号館 3 階	(096) 382-2660	(096) 382-2663
※(一財)熊本国際観光コンベンション協会	860-0041	熊本市中央区細工町 4-30-1 扇寿ビル 5 階	(096) 359-1788	(096) 359-8520
(公社)ツーリズムおおいた	870-0029	大分市高砂町 2-50 OASIS ひろば 21　3 階	(097) 536-6250	(097) 536-6251
(公財)宮崎県観光協会	880-0811	宮崎市錦町 1-10 宮崎グリーンスフィア壱番館 3 階	(0985) 26-6100	(0985) 26-6123
(公社)鹿児島県観光連盟	892-0821	鹿児島市名山町 9-1 鹿児島県産業会館内	(099) 223-5771	(099) 225-7484
(一財)沖縄観光コンベンションビューロー	901-0152	那覇市字小禄 1831-1 沖縄産業支援センター 2 階	(098) 859-6123	(098) 859-6221

注：※政令指定都市観光協会・連盟

観光関係主要団体

団体名	代表者名	〒	所在地	TEL	FAX
(公社)日本観光振興協会	山西健一郎	105-0001	港区虎ノ門3-1-1 虎の門三丁目ビルディング6階	(03) 6435-8331	(03) 6435-6921
企画政策部門			〃	(03) 6435-8332	〃
総務・渉外部門			〃	(03) 6435-8331	〃
交流促進部門			〃	(03) 6435-8334	〃
調査研究部門			〃	(03) 6435-8333	〃
総合調査研究所／国際業務			〃	(03) 6435-8333	〃
観光情報			〃	(03) 6435-8335	〃
観光地域づくり・人材育成部門			〃	(03) 6435-8336	〃
観光地域マネジメント			〃	(03) 6435-8336～7	〃
地域ブランド創造			〃	(03) 6435-8550	〃
(独)国際観光振興機構	蒲生　篤実	160-0004	新宿区四谷1-6-4 四谷クルーセ3・4階 新宿区四谷1-6-1 YOTSUYA TOWER 10階	(03) 5369-3342	(03) 3350-5200
(公財)日本交通公社	光山　清秀	107-0062	港区南青山2-7-29 日本交通公社ビル	(03) 5770-8350	(03) 5770-8358
(一社)日本旅行業協会	髙橋　広行	100-0013	千代田区霞が関3-3-3 全日通霞が関ビル3階	(03) 3592-1271	(03) 3592-1268
(一社)全国旅行業協会	二階　俊博	107-0052	港区赤坂4-2-19 赤坂シャスタイーストビル3階	(03) 6277-8310	(03) 6277-8331
(一社)国際観光日本レストラン協会	安田　眞一	103-0026	中央区日本橋兜町11-7 ビーエム兜町ビル	(03) 5651-5601	(03) 5651-5602
(一社)全国農協観光協会	櫻井　宏	101-0021	千代田区外神田1-16-8 GEEKS AKIHABARA 4階	(03) 5297-0321	(03) 5297-0260
(公財)日本ナショナルトラスト	安富　正文	102-0083	千代田区麹町4-5 海事センタービル4階	(03) 6380-8511	(03) 3237-1190
(公財)日本修学旅行協会	竹内　秀一	103-0002	中央区日本橋馬喰町1-1-2 にほんばしゼニットビル2階	(03) 5640-8061	(03) 5640-8062
(一社)日本ホテル協会	定保　英弥	100-0004	千代田区大手町2-2-1 新大手町ビル3階	(03) 3279-2706	(03) 3274-5375
(一社)全日本ホテル連盟	清水　嗣能	101-0044	千代田区鍛冶町2-4-8 エルヘンビル3階	(03) 3527-1539	(03) 3527-1549
(一社)日本旅館協会	大西　雅之	102-0093	千代田区平河町2-5-5 全国旅館会館ビル2階	(03) 5215-7337	(03) 5215-7338

団　体　名	代表者名	〒	所　在　地	TEL	FAX
ジャパニーズ・イン・グループ	福田　金也	321-1433	栃木県日光市匠町 2-16 タートル・イン・日光内	(0288) 53-3168	(0288) 53-3883
(公社)国際観光施設協会	鈴木　裕	102-0072	千代田区飯田橋 2-8-5 多幸ビル九段 2 階	(03) 3263-4844	(03) 3263-4845
(一社)日本オートキャンプ協会	明瀬　一裕	160-0008	新宿区四谷三栄町 13-2 清重ビル 2 階	(03) 3357-2851	(03) 3357-2850
(一社)日本温泉協会	笹本　森雄	102-0093	千代田区平河町 2-5-5 全国旅館会館 3 階	(03) 6261-2180	(03) 6261-2179
(一財)日本ホテル教育センター	石塚　勉	164-0003	中野区東中野 3-15-14	(03) 3367-5663	(03) 3362-5940
(一社)日本添乗サービス協会	金澤　悟	140-0013	品川区南大井 6-12-13 宇佐美大森ビル 9 階	(03) 6435-1508	(03) 6435-1509
(一社)日本ホテルバーメンズ協会	野田　浩史	102-0076	千代田区五番町 5-6 ビラカーサ五番町 902 号室	(03) 3237-0263	(03) 3237-1169
(一財)国際観光サービスセンター	中村　徹	103-0004	中央区東日本橋 2-24-12 東日本橋槇町ビル 5 階	(03) 5829-9252	(03) 5821-3540
(一社)日本海外ツアーオペレーター協会	大畑　貴彦	105-0004	港区新橋 6-9-2 新橋第一ビル新館 6 階 B 号室	(03) 5470-9501	(03) 5470-9503
(一財)地域伝統芸能活用センター	中村　徹	103-0004	中央区東日本橋 2-24-12 東日本橋槇町ビル 5 階	(03) 5809-3782	(03) 5809-1430
(一財)アジア太平洋観光交流センター	鳥井　信吾	630-8122	奈良市三条本町 8-1 シルキア奈良 2 階	(0742) 30-3880	(0742) 30-3883
(公社)日本バス協会	清水　一郎	100-0005	千代田区丸の内 3-4-1 新国際ビル 9 階	(03) 3216-4011	(03) 3216-4016
(一社)日本自動車連盟	坂口　正芳	105-0012	港区芝大門 1-1-30 日本自動車会館 14 階	(03) 3438-0041	(03) 3436-3008
(一社)日本民営鉄道協会	原田　一之	102-0094	千代田区紀尾井町 3-6 紀尾井町パークビル 6 階	(03) 6371-1401	(03) 6371-1409
(公財)交通道徳協会	江藤　尚志	100-0005	千代田区丸の内 3-4-1 新国際ビル 925	(03) 3216-6050	(03) 3213-6896
(公財)鉄道弘済会	森本　雄司	112-0002	文京区小石川 1-1-1 文京ガーデンゲートタワー 19 階	(03) 6261-3298	
(一社)全日本航空事業連合会	赤坂　祐二	105-0014	港区芝 3-1-15 芝ボートビル 8 階	(03) 5445-1353	(03) 5445-9527
(一社)日本旅客船協会	山﨑　潤一	102-0093	千代田区平河町 2-6-4 海運ビル 9 階	(03) 3265-9681	(03) 3265-9684
(公財)日本財団	笹川　陽平	107-8404	港区赤坂 1-2-2 日本財団ビル	(03) 6229-5111	(03) 6229-5110
(一財)運輸総合研究所	宿利　正史	105-0001	港区虎ノ門 3-18-19 UD 神谷町ビル 3 階	(03) 5470-8400	(03) 5470-8401
(一社)日本外航客船協会	遠藤　弘之	102-0093	千代田区平河町 2-6-4 海運ビル 6 階	(03) 5275-3710	(03) 5275-3317
日本商工会議所	小林　健	100-0005	千代田区丸の内 3-2-2 丸の内二重橋ビル 6 階	(03) 3283-7823	(03) 3211-4859
全国旅館ホテル生活衛生同業組合連合会	井上　善博	102-0093	千代田区平河町 2-5-5 全国旅館会館	(03) 3263-4428	(03) 3263-9789

団 体 名	代表者名	〒	所 在 地	TEL	FAX
(一財)休暇村協会	小野寺 聡	110-8601	台東区東上野 5-1-5 日新上野ビル 5 階	(03) 3845-8651	(03) 3845-8658
(一社)国民宿舎協会	清水 一郎	182-0025	調布市多摩川 5-29-2 パレス 527 503 号室	(050) 5491-0664	(050) 3450-8062
(公財)日本自然保護協会	亀山 章	104-0033	中央区新川 1-16-10 ミトヨビル 2 階	(03) 3553-4101	(03) 3553-0139
(一財)自然公園財団	熊谷 洋一	101-0051	千代田区神田神保町 2-2-31 ヒューリック神保町ビル 2 階	(03) 3556-0818	(03) 3556-0817
(一財)日本ユースホステル協会	山谷えり子	151-0052	渋谷区代々木神園町 3-1 国立オリンピック記念青少年総合センター内	(03) 5738-0546	
全国観光土産品連盟	細田 眞	101-0047	千代田区内神田 1-17-9 TCU ビル 6 階	(03) 3518-0193～4	(03) 3518-0195
(公財)日本レクリエーション協会	樋口 修資	110-0016	台東区台東 1-1-14 ANTEX24 ビル 7 階	(03) 3834-1091	(03) 3834-1095
(公財)日本サイクリング協会	西澤 仁史	160-0022	新宿区新宿 1-35-3 AXIA 新宿御苑 6 階	(03) 6273-2147	(03) 6273-2578
(一財)日本地域開発センター	伊藤 滋	105-0001	港区虎ノ門 1-11-7 第二文成ビル	(03) 3501-6856	(03) 3501-6855
(一財)地域活性化センター	林﨑 理	103-0027	中央区日本橋 2-3-4 日本橋プラザビル 13 階	(03) 5202-6131	(03) 5202-0755
(公財)日本博物館協会	山梨絵美子	110-0007	台東区上野公園 12-52 黒田記念館別館 3 階	(03) 5832-9108	(03) 5832-9109
(一社)日本アミューズメント産業協会	山下 滋	102-0074	千代田区九段南 3-8-11 飛栄九段ビル 8 階	(03) 6272-9030	
(公財)交通協力会	上野 文雄	100-0005	千代田区丸の内 3-4-1 新国際ビル 903	(03) 6269-9808	(03) 6269-9809
(公財)日本交通文化協会	滝 久雄	100-0006	千代田区有楽町 1-1-3 東京宝塚ビル 8 階	(03) 3504-2221	(03) 3504-2224
(一社)日本観光通訳協会	伊藤 淳子	101-0024	千代田区神田和泉町 1-6-1 インターナショナルビル 603 号室	(03) 3863-2895	(03) 3863-2896
東京商工会議所	小林 健	100-0005	千代田区丸の内 3-2-2 丸の内二重橋ビル	(03) 3283-7500	(03) 3284-1208
全国語学ビジネス観光教育協会	石塚 勉	101-0061	千代田区神田三崎町 2-8-10 ケープビル 2 階	(03) 5275-7741	(03) 5275-7744
(公財)日本海事広報協会	浅野 敦男	104-0043	中央区湊 2-12-6 湊 SY ビル 3 階	(03) 3552-5031	(03) 3553-6580
(一社)ウォーターフロント協会	須野原 豊	102-0082	千代田区一番町 10-10 相模屋第 3 ビル 4 階	(03) 6272-9185	(03) 6272-9186
(一社)全国レンタカー協会	岩崎 貞二	105-0012	港区芝大門 1-1-30 日本自動車会館 15 階	(03) 5472-7328	(03) 5472-5530
(公社)国土緑化推進機構	濱田 純一	102-0093	千代田区平河町 2-7-4 砂防会館別館 5 階	(03) 3262-8451	(03) 3264-3974
(一財) 公園財団	舟引 敏明	112-0014	文京区関口 1-47-12 江戸川橋ビル 2 階	(03) 6674-1188	(03) 6674-1190

団　体　名	代表者名	〒	所　在　地	TEL	FAX
定期航空協会	井上　慎一	105-0014	港区芝 3-1-15 芝ボートビル 8 階	(03) 5445-7136	(03) 5445-9527
(一財) 運輸振興協会	安富　正文	102-0083	千代田区麹町 4-5 海事センタービル 7 階	(03) 3221-8431	(03) 3221-8433
(一財) 日本気象協会	春田　謙	170-6055	豊島区東池袋 3-1-1 サンシャイン 60　55 階	(03) 5958-8111	(03) 5958-8113
(公財) 都市緑化機構	市川　晃	101-0051	千代田区神田神保町 3-2-4 田村ビル 2 階	(03) 5216-7191	(03) 5216-7195
(一財) 日本花普及センター	小栗　邦夫	103-0004	中央区東日本橋 3-6-17 山一ビル 4 階	(03) 3664-8739	(03) 3664-8743
全国知事会	村井　嘉浩	102-0093	千代田区平河町 2-6-3 都道府県会館 6 階	(03) 5212-9127	(03) 5212-9129
全国市長会	立谷　秀清	102-8635	千代田区平河町 2-4-2 全国都市会館 4 階	(03) 3262-2313	(03) 3263-5483
全国町村会	吉田　隆行	100-0014	千代田区永田町 1-11-35 全国町村会館内	(03) 3581-0482	
(一社) 日本造園建設業協会	和田　新也	113-0033	文京区本郷 3-15-2 本郷二村ビル 4 階	(03) 5684-0011	(03) 5684-0012
(公財) 日本生産性本部	茂木友三郎	102-8643	千代田区平河町 2-13-12 生産性本部ビル	(03) 3511-4001	(03) 3511-4018

'23 (令和 5) 年 11 月確認時点

9

我が国の主要観光機関の変遷

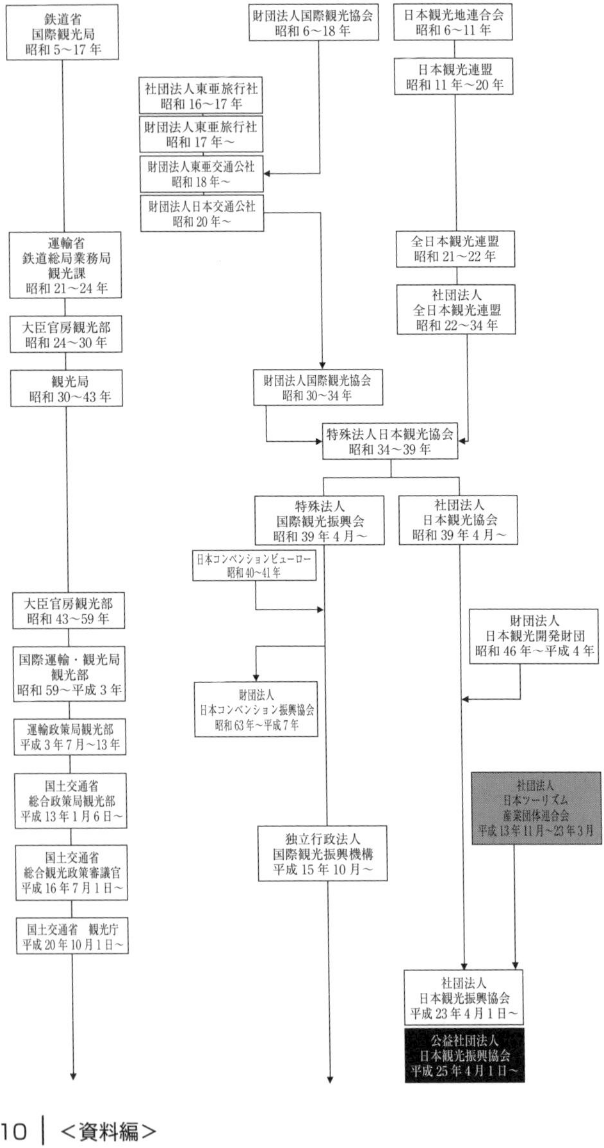
鉄道省 国際観光局 昭和5～17年
運輸省 鉄道総局業務局 観光課 昭和21～24年
大臣官房観光部 昭和24～30年
観光局 昭和30～43年
大臣官房観光部 昭和43～59年
国際運輸・観光局 観光部 昭和59～平成3年
運輸政策局観光部 平成3年7月～13年
国土交通省 総合政策局観光部 平成13年1月6日～
国土交通省 総合観光政策審議官 平成16年7月1日～
国土交通省　観光庁 平成20年10月1日～
財団法人国際観光協会 昭和6～18年
社団法人東亜旅行社 昭和16～17年
財団法人東亜旅行社 昭和17年～
財団法人東亜交通公社 昭和18年～
財団法人日本交通公社 昭和20年～
財団法人国際観光協会 昭和30～34年
特殊法人日本観光協会 昭和34～39年
特殊法人 国際観光振興会 昭和39年4月～
日本コンベンションビューロー 昭和40～41年
財団法人 日本コンベンション振興協会 昭和63年～平成7年
独立行政法人 国際観光振興機構 平成15年10月～
日本観光地連合会 昭和6～11年
日本観光連盟 昭和11年～20年
全日本観光連盟 昭和21～22年
社団法人 全日本観光連盟 昭和22～34年
社団法人 日本観光協会 昭和39年4月～
財団法人 日本観光開発財団 昭和46年～平成4年
社団法人 日本ツーリズム 産業団体連合会 平成13年11月～23年3月
社団法人 日本観光振興協会 平成23年4月1日～
公益社団法人 日本観光振興協会 平成25年4月1日～

観光関係国際機関

UNWTO （World Tourism Organization）
①　国連世界観光機関
②　加盟 159 か国（令和 5 年 11 月末時点）
③　日本国政府
④　日本政府観光局（JNTO）、（一社）日本旅行業協会（JATA）、（公社）日本観光振興協会等 21 団体・企業・大学
⑤　誰もが参加できる持続可能な責任ある観光の促進
⑥　マドリッド（スペイン）
⑦　〒 630-8122　奈良県奈良市三条本町 8 番 1 号　シルキア奈良 2 階
⑧　(0742) 30-3881
⑩　https://www.unwto.org

OECD（Organisation for Economic Co-operation and Development）
①　経済協力開発機構
②　加盟 38 か国
③　日本国政府
⑤　観光委員会－先進国間の観光経済の発展と国際観光往来の促進
⑥　パリ（フランス）
⑦　〒 100-0011　東京都千代田区内幸町 2-2-1　日本プレスセンタービル 3 階
⑧　(03) 5532-0021
⑨　tokyo.contact@oecd.org
⑩　http://www.oecd.org/tokyo/

ASEAN - JAPAN CENTRE（ASEAN Promotion Centre on Trade, Investment and Tourism）
①　国際機関日本アセアンセンター（東南アジア諸国連合貿易投資観光促進センター）
②　加盟 11 か国
③　日本国政府
⑤　日本と ASEAN 諸国間の「貿易」「投資」「観光」「人物交流」の促進を目的に活動
⑥　東京（日本）
⑦　〒 105-0004　東京都港区新橋 6-17-19 新御成門ビル 1 階
⑧　(03) 5402-8008（観光交流チーム）
⑩　www.asean.or.jp

PATA　Pacific Asia Travel Association　(1951 年設立)
①　太平洋アジア観光協会
②　政府会員、航空・船舶会社、数百の旅行業会員・ホテル会員他（800 社／機関（95 か国／地域））
⑤　アジア太平洋域内の観光促進と交流
⑥　バンコク（タイ）
⑦　〒 100-0013　東京都千代田区霞が関 3-3-3　全日通霞が関ビル 3 階
（一社）日本旅行業協会内
⑧　(03) 3592-1274
⑨　ito.patajapan@jata-net.or.jp
⑩　https://www.jata-net.or.jp/membership/jata-travelinfo/patajp/index-pata/

注：①日本名　②加盟国・正会員数　③我が国加盟機関　④我が国賛助加盟員　⑤主要目的
⑥本部所在地　⑦在日（日本支部）事務所　⑧ TEL　⑨ E-MAIL　⑩ URL

9

外国政府等観光宣伝機関

団体名	〒	住所	TEL	FAX
【アジア】				
国際機関日本アセアンセンター（観光交流チーム）	105-0004	港区新橋 6-17-19 新御成門ビル 1 階 info_to@asean.or.jp www.asean.or.jp	(03) 5402-8008	(03) 5402-8009
カンボジア王国観光省日本事務所	150-0031	渋谷区桜丘町 3-2 SAKURA タワー 7 階 cambodia@worldcompass.co.jp http://www.cambodiatourism.or.jp	－	(03) 6455-0239
中国駐東京観光代表処	105-0001	港区虎ノ門 2-5-2 エアチャイナビル 8 階 cnta.tokyo@gmail.com	(03) 3591-8686	(03) 3591-6886
韓国観光公社東京支社	160-0004	新宿区四谷 4-4-10 コリアセンター 6 階 tokyo@visitkorea.or.kr http://visitkorea.or.kr	(03) 5369-1755	(03) 5369-1756
韓国観光公社大阪支社	540-6123	大阪市中央区城見 2-1-61 ツイン 21MID タワー 23 階 osaka@visitkorea.or.kr http://japanese.visitkorea.or.kr	(06) 6942-0847	(06) 6942-0803
マレーシア政府観光局東京支局	100-0006	千代田区有楽町 1-6-4 千代田ビル 5 階 https://www.tourismmalaysia.or.jp/	(03) 3501-8691	(03) 3501-8692
マレーシア政府観光局大阪支局	550-0004	大阪市西区靭本町 1-8-2 コットン・ニッセイビル 10 階 https://www.tourismmalaysia.or.jp/	(06) 6444-1220	(06) 6444-1380
フィリピン共和国大使館観光部	106-8537	港区六本木 5-15-5 dotjapan@gol.com https://philippinetravel.jp	(03) 5562-1583	(03) 5562-1593
在大阪フィリピン共和国総領事館観光部	541-0054	大阪市中央区南本町 3-6-14 イトゥビル 6 階 dotosakajapan@lake.ocn.ne.jp https://philippinetravel.jp	(06) 6251-2400	(06) 6251-2401

団体名	〒	住所	TEL	FAX
タイ国政府観光庁 東京事務所	100- 0006	千代田区有楽町 1-7-1 有楽町電気ビル南館 2 階 259 号室 https://www.thailandtravel.or.jp	(03) 3218-0355	(03) 3218-0655
タイ国政府観光庁 大阪事務所	550- 0013	大阪市西区新町 1-4-26 四ツ橋グランドビル info@tatosa.com https://www.thailandtravel.or.jp	(06) 6543-6654	(06) 6543-6660
トルコ共和国 大使館・文化 広報参事官室	150- 0001	渋谷区神宮前 2-33-6 info@goturkiye.jp http://goturkiye.jp	(03) 3470-6380	(03) 3470-6037
台湾観光協会 東京事務所	105- 0003	港区西新橋 1-5-8 川手ビル 3 階 tyo@go-taiwan.net http://jp.taiwan.net.tw/	(03) 3501-3591	(03) 3501-3586
台湾観光協会 大阪事務所	530- 0047	大阪市北区西天満 4-14-3 リゾートトラスト御堂筋ビル 6 階 osa@go-taiwan.net https://jp.taiwan.net.tw/ facebook：台湾見っけ！ Instagram：taiwan_mikke	(06) 6316-7491	(06) 6316-7398
香港政府観光局	108- 0073	東京都港区三田 1-4-28 三田国際ビル 24 階 http://www. DiscoverHongKong.com/	–	–
【オセアニア州】				
タヒチ観光局	102- 0074	千代田区九段南 3-8-11 飛栄九段ビル 3 階 japan@tahititourisme.jp http://www.tahititourisme.jp	(03) 6261-5685	(03) 6261-5944
クック諸島観光局	104- 0061	中央区銀座 6-14-8 銀座石井ビル 4 階　ディープブルー合同会社内 info@cook-islands.jp https://www.cook-islands.jp	(03) 5776-2668	–

団体名	〒	住所	TEL	FAX
グアム政府観光局	103-0023	中央区日本橋本町 2-6-1 日本橋本町プラザビル 2 階 info@gvb.or.jp http://www.visitguam.jp/	(03) 6661-2486	−
【アフリカ州】				
ケニア共和国大使館	152-0023	目黒区八雲 3-24-3 travel@kenyarep-jp.com/ kenrep@kenyarep-jp.com http://www.kenyarep-jp.com	(03) 3723-4006~7	(03) 3723-4546
南アフリカ観光局	107-0051	港区元赤坂 1-1-2 赤坂ライオンズビル 2 階 http://www.south-africa.jp	(03) 3478-7601	(03) 3478-7605
チュニジア大使館観光	102-0074	千代田区九段南 3-6-6 mailbox@tunisia.or.jp http://gotunisia.jp/	(03) 3511-6622	(03) 3511-6600
【ヨーロッパ州】				
チェコ政府観光局	150-0012	渋谷区広尾 2-16-14 チェコ共和国大使館内 B 館 2 階 tokyo@czechtourism.com www.visitczechia.com	(03) 6427-3093	−
フィンランド政府観光局/Visit Finland (Business Finland)	106-8561	港区南麻布 3-5-39 フィンランド大使館商務部 https://www.visitfinland.com/ja/	(03) 6432-5277	−
フランス観光開発機構/アトウー・フランス	106-8514	港区南麻布 4-11-44 フランス大使館内 info.jp@atout-france.fr www.france.fr	−	(03) 5798-6283
ドイツ観光局	107-0052	港区赤坂 7-5-56 ドイツ文化会館 4 階 office-japan@germany.travel http://www.germany.travel	(03) 3586-0705	(03) 3586-5079
イタリア政府観光局(ENIT)	108-8302	港区三田 2-5-4 (在日イタリア大使館内) tokyo@enit.it (一般以外業者専用) www.italia.it/en	(03) 3451-2721	(03) 3451-2724

団体名	〒	住所	TEL	FAX
マルタ観光局	105-0004	港区新橋 2-20-15 新橋駅前ビル 1 号館 816 号 （訪問は完全予約制） info@mtajapan.com （旅行業界・メディア関係者限定） www.mtajapan.com	(03) 3569-0727	−
ポーランド政府観光局	160-0023	新宿区西新宿 3-4-4 京王西新宿南ビル 7 階 info.jp@poland.travel http://www.poland.travel	(03) 5908-3808	(03) 5908-3809
スペイン政府観光局	105-0001	港区虎ノ門 3-1-10 第二虎ノ門電気ビル 6 階 info.tokio@tourspain.es http://www.spain.info	(03) 3432-6141 自動音声案内のみ	(03) 3432-6144
【北アメリカ】				
サンフランシスコ観光協会/サンフランシスコ国際空港日本事務所	102-0074	千代田区九段南 3-8-11 飛栄九段ビル 3 階 https://www.sftravel.com/	(03) 6261-5733	(03) 6261-5944
ハワイ州観光局	102-0082	千代田区一番町 29-2 一番町進興ビル 1 階 aloha@htjapan.jp www.gohawaii.jp www.allhawaii.jp	−	(03) 6261-3419
【南アメリカ】				
コスタリカ共和国政府観光局	150-0021	渋谷区恵比寿西 1-31-15 マルイチマンション 502 ict@costarica.co.jp http://www.costarica.co.jp/	(03) 3780-5661	−

9

日本政府観光局（JNTO）海外事務所

事務所名	所　　在　　地
ソ　ウ　ル	#202, Hotel President 2F Euljiro 16,　Jung-gu, Seoul, Korea
北　　京	Beijing Fortune Bldg., Suite 410, 5 Dong San Huan Bei Lu Chao Yang District, Beijing 100004, China （中国北京市朝陽区東三環北路 5 号　北京発展大廈 410 室）
広　　州	Room 1310-1311, Tower B, China Shine Plaza, No.9 Linhe Xi Road, Tianhe District, Guangzhou 510610, China （中国広東省広州市天河区林和西路 9 号耀中広場 B 棟 1310-11）
上　　海	Room 2111, Shanghai International Trade Centre., 2201, West Yan An Road, Shanghai 200336, China （中国上海市延安西路 2201 号 上海国際貿易中心 2111 室）
成　　都	Room3105, Floor31, Building2, Raffeles Plaza Office Building No.3, Section4, Renmin Road South, Wuhou District, Chengdu 610041, China （中国四川省成都市武候区人民南路四段 3 号成都来福士広場弁公楼塔 2 棟 3105 室）
香　　港	Unit 807-809, 8/F., Prosperity Millennia Plaza, 663 King's Road, North Point, Hong Kong
デ　リ　ー	Unit No. 203, 2nd Floor, East Wing, World Mark 1, Asset - 11, Aerocity, New Delhi - 110037, India
ジャカルタ	Summitmas I, 2F, Jalan Jenderal Sudirman, Kaveling 61-62 Jakarta Selatan 12190, Indonesia
シンガポール	16 Raffles Quay, #15-09, Hong Leong Building, Singapore 048581
バ ン コ ク	10th Floor Unit 1016, Serm-Mit Tower, 159 Sukhumvit 21Rd, Bangkok 10110, Thailand
マ　ニ　ラ	9F, Tower One and Exchange Plaza, Ayala Triangle, Ayala Avenue, Makati City, 1226 Philippines
ハ　ノ　イ	Unit 4.09 on the 4th Floor, CornerStone Building, 16 Phan Chu Trinh Street, Hoan Kiem District, Hanoi, Vietnam
クアラルンプール	1st Floor, Chulan Tower, 3 Jalan Conlay, 50450 Kuala Lumpur, Malaysia
シ ド ニ ー	Suite 1, Level 4, 56 Clarence Street, Sydney NSW 2000, Australia
ニューヨーク	250 Park Avenue, Suite 1900, New York, NY, 10177, U.S.A.
ロサンゼルス	707 Wilshire Boulevard, Suite 4325, Los Angeles, CA 90017 U.S.A.
ト ロ ン ト	55 York Street, Suite 202, Toronto ON M5J 1R7, Canada
メ キ シ コ	Avenida Ejército Nacional No. 579, Int.7-B, Col.Granada, Alc.Miguel Hidalgo, C.P. 11520, Ciudad de México, México
ロ　ー　マ	Via Barberini 95, 00187, Rome, Italy
ロ ン ド ン	1st Floor,123-125 Kensington High Street, London, W8 5SF, U.K.
マ ド リ ー ド	Carrera de San Jerónimo 15-3, 28014 Madrid Spain
フランクフルト	Kaiserstrasse 11, 60311 Frankfurt am Main, Germany
パ　　リ	4, rue de Ventadour 75001 Paris, France
モ ス ク ワ	3rd Floor, 5, Bryanskaya Street, Moscow, Russia 121059
ド　バ　イ	Room No.806, Shangri-la Hotel, Sheikh Zayed Road, Dubai, UAE

問い合わせ窓口（JNTO 法人サイト）：https://www.jnto.go.jp/

2023 年 9 月現在

公益社団法人日本観光振興協会支部一覧

支部名	〒	所在地	TEL	FAX
北海道支部	060-0003	札幌市中央区北3条西7-1-1 緑苑ビル1階 （公社）北海道観光振興機構内 （北海道）	(011) 232-7373	(011) 232-5064
東北支部	980-0811	仙台市青葉区一番町2-2-13 仙建ビル8階 （一社）東北観光推進機構内 （青森・岩手・宮城・秋田・山形・福島）	(022) 721-1291	(022) 721-1293
関東支部	105-0001	港区虎ノ門3-1-1 虎の門三丁目ビルディング6階 （茨城・栃木・群馬・埼玉・千葉・東京・神奈川・新潟・長野・山梨・静岡）	(03) 6435-8339	(03) 6435-6921
中部支部	450-0002	名古屋市中村区名駅4-2-28 名古屋第二埼玉ビル4階 （富山・石川・福井・岐阜・愛知）	(052) 541-1241	(052) 541-1251
関西支部	530-0047	大阪市北区西天満2-10-2 幸田ビル8階 （三重・滋賀・京都・大阪・兵庫・奈良・和歌山）	(06) 6311-1220	(06) 6311-1221
中国支部	730-0011	広島市中区基町5-44 広島商工会議所ビル8階 （鳥取・島根・岡山・広島・山口）	(082) 222-6625	(082) 222-6768
四国支部	760-8570	高松市番町4-1-10 香川県庁内 （徳島・香川・愛媛・高知）	(087) 833-0177	(087) 835-5210
九州支部	810-0004	福岡市中央区渡辺通2-1-82 電気ビル共創館7階 （福岡・佐賀・長崎・熊本・大分・宮崎・鹿児島）	(092) 726-5001	(092) 726-5002
沖縄支部	901-0152	那覇市字小禄1831-1 沖縄産業支援センター2階 （一財）沖縄観光コンベンションビューロー内 （沖縄）	(098) 859-6124	(098) 859-6221

注：（　）は担当都道府県

日本観光振興協会出版物のご案内

書名	内容
令和５年度版 観光の実態と志向 －第 42 回国民の観光に関する動向調査－ A4 判　326 頁　本体 5,800 円	本調査は、全国 20,000 人を対象に、令和 4 年度に国内旅行をどれくらい、どのように行ったかという実態と、今後どのような旅行を行いたいかという希望について調査を行ったものです。昭和 39 年より実施しており、わが国の観光動向を約 60 年のロングスパンで把握できます。毎年時宜にふさわしいテーマについて特集を組んでおりますが、今回は「コロナ禍を経てのこれからの観光」をテーマに、旅行に対する思いの変化や、旅行場面での非対面型サービスの利用意向等について分析しております。 （令和 5 年 9 月発行）
日本の観光を担う 次世代リーダーへ A5 判　304 頁　本体 2,500 円	平成 29 年に 7 回目を迎えた首都大学東京・（公社）日本観光振興協会共催「観光経営トップセミナー」の質の高い講義のエッセンスを 1 冊に凝縮しました。“今の観光”を知り、わかりやすく観光マーケティングや経営理論を学ぶことができる観光ビジネス関係者必読の書です。 （平成 30 年 3 月発行）
観光ボランティアガイド 活動ハンドブック A5 判　142 頁　本体 800 円	観光ボランティアガイドをどう行うのかについて、特に技術面を中心に、懇切に解説しています。お客さまにより満足していただけるよう、いつも手元に置いておきたい、観光ボランティアガイド必携の書です。 （平成 27 年 1 月発行）
地域紹介観光ボランティアガイド 運営活動マニュアル A4 判　86 頁　本体 1,500 円	主に観光ボランティアガイド組織を運営する方々や支援をする方々を対象に、観光ボランティアガイドの意義をはじめ、募集から育成まで、また組織の活動や運営方法について解説しています。 （平成 11 年 3 月発行）
訪日外国人おもてなし ガイドブック －インバウンド虎の巻－ A5 判　123 頁　本体 1,500 円	本書は、訪日観光客などへの現場での対応事例などを中心に、ムスリムの受け入れや災害時の受け入れ対応などについて紹介しているほか、これから訪日外国人の受け入れを始められる方に向けた基礎資料や市場別の特徴などの解説も収録されています。訪日外国人受け入れの必携書として、是非ご活用ください。 （平成 27 年 9 月発行）